आधे-अधूरे

आधे-अधूरे

मोहन राकेश

राधाकृष्ण प्रकाशन

ISBN : 978-81-7119-905-1

आधे-अधूरे

पहला संस्करण : 1969
छब्बीसवाँ संस्करण : 2023

मूल्य : ₹ 399

प्रकाशक
राधाकृष्ण प्रकाशन प्राइवेट लिमिटेड
जी-17, जगतपुरी, दिल्ली-110 051
शाखाएँ : अशोक राजपथ, साइंस कॉलेज के सामने, पटना-800 006
पहली मंजिल, दरबारी बिल्डिंग, महात्मा गांधी मार्ग, प्रयागराज-211 001
वेबसाइट : www.radhakrishnaprakashan.com
ई-मेल : info@radhakrishnaprakashan.com

मुद्रक
बी.के. ऑफसेट
नवीन शाहदरा, दिल्ली-110 032

AADHE-ADHOORE
Play by Mohan Rakesh

क्रम

'आधे-अधूरे' का पहला मंचन दिल्ली में 'दिशान्तर' द्वारा श्री ओम शिवपुरी के निर्देशन में फरवरी, 1969 में हुआ। निम्नलिखित कलाकारों ने निम्न पात्रों की भूमिका निभाई :

काले सूट वाला आदमी	:	ओम शिवपुरी
स्त्री	:	सुधा शिवपुरी
पुरुष-एक	:	ओम शिवपुरी
बड़ी लड़की	:	अनुराधा कपूर
छोटी लड़की	:	ऋचा व्यास
लड़का	:	दिनेश ठाकुर
पुरुष-दो	:	ओम शिवपुरी
पुरुष-तीन	:	ओम शिवपुरी
पुरुष-चार	:	ओम शिवपुरी

'भूमिका' के बहाने...

मोहन राकेश का नाटक 'आधे-अधूरे' पहले पहल 19 एवं 26 जनवरी तथा 2 फरवरी, 1969 के तीन अंकों में 'धर्मयुग' में क्रमशः छपा और 2 मार्च, 1969 को दिल्ली की नाट्य-संस्था 'दिशान्तर' ने इसे ओम शिवपुरी के निर्देशन में अभिमंचित भी कर दिया। नाटक ने तीखी और व्यापक प्रतिक्रिया पैदा की। हिन्दी के नाट्य समीक्षकों और पत्रकारों को यह ऐसा सतही एवं खोखला नाटक लगा जो अपनी व्यावसायिकता को क्रान्तिकारी लिबास में छुपाने की कोशिश करता है। कथानक की घटनाहीनता, प्रस्तावना की निरर्थकता, अनुभव-क्षेत्र की संकीर्णता, एक ही अभिनेता द्वारा पाँच भूमिकाएँ निभाने की चौंकानेवाली फ़िज़ूल रंग-युक्ति, चरित्रों के इकहरेपन, संघर्ष के अभाव, भविष्यहीन नियतिवाद और आयातित जीवन-दृष्टि पर आधारित एक अतिनाटकीय सृष्टि जैसे अनेक आरोप लगाकर इस नाटक को साधारण और महत्त्वहीन सिद्ध करने के भरपूर प्रयत्न किए गए। इसे अनीता राकेश की किसी पूर्व प्रकाशित कहानी का नाट्य-रूपान्तर तक कहकर इसकी मौलिकता एवं रचनात्मकता को भी नकारने की कोशिश हुई।

परन्तु आज पैंतीस वर्ष बाद पीछे मुड़कर देखने पर लगता है कि समय से अधिक ईमानदार, सच्चा और निर्मम मूल्यांकनकर्ता एवं निर्णायक कोई नहीं होता। और यह राकेश और उनके मित्रों की सम्पर्क-शक्ति का परिणाम कतई नहीं है कि तब से अब तक लगातार 'आधे-अधूरे' आधुनिक हिन्दी/भारतीय रंग-परिदृश्य का एक अत्यन्त महत्त्वपूर्ण, लोकप्रिय और समय-सिद्ध सार्थक नाटक माना जाता रहा है। यह हिन्दी का पहला प्रमुख नाटक है जो विवाह-संस्था को एक स्थिर-स्थायी व्यवस्था और घर को एक सुखी परिवार के रूप में स्थापित करनेवाले सदियों पुराने मिथक को तोड़ने का प्रयास करता है।

इस बीच 'आधे-अधूरे' ने एक सन्दर्भ-रचना का स्तर प्राप्त कर लिया और राकेश के समकालीन और बाद की पीढ़ी का शायद ही कोई उल्लेखनीय

नाटककार हो जिसने इसे एक प्रेरणा-स्रोत या रचनात्मक चुनौती के रूप में स्वीकार न किया हो। सम्भवतः 'अन्धायुग' के अलावा 'आधे-अधूरे' ही हिन्दी का एक मात्र ऐसा नाटक है जिसने अखिल भारतीय स्तर पर कल्पनाशील निर्देशकों, प्रतिभावान अभिनेताओं, कुशल पार्श्वकर्मियों और प्रबुद्ध प्रेक्षकों-पाठकों को सर्वाधिक आकर्षित और प्रभावित किया है। समय ने 'आधे-अधूरे' के बारे में उस वक्त व्यक्त की गईं सभी आशंकाओं और आपत्तियों को निराधार सिद्ध कर दिया है। इस सन्दर्भ में आश्चर्यजनक तथ्य तो यह है कि इस नाटक में प्रस्तुत अनुभव की प्रामाणिकता, मनःस्थितियों की सघन विस्फोटकता, भाषा की जीवन्तता, परिवेश की विश्वसनीयता तथा कथ्य और शिल्प की अन्वितिपरक एकाग्रता के प्रति रंगकर्मियों एवं नाट्य-प्रेमियों की ग्रहणशीलता लगातार बढ़ती ही गई है।

'आधे-अधूरे' सिर्फ़ एक नाटक ही नहीं है। यह हमारे समाज, परिवार, व्यक्ति और उनके पारस्परिक सम्बन्धों में आए और लगातार आ रहे बदलाव का गम्भीर समाजशास्त्रीय तथा मनोवैज्ञानिक अध्ययन भी है। इक्कीसवीं शताब्दी के आरम्भ में परिवार और विवाह जैसी समय-सिद्ध संस्थाओं के विघटन, मानवीय मूल्यों के पतन तथा सर्वग्रासी महत्वाकांक्षा की अन्धी दौड़ से उपजी जिन अर्थज एवं कामज विकृतियों को आज हम सर्वत्र सार्वजनिक तांडव करते देख रहे हैं। ये भूमंडलीकरण, बाज़ारवाद और पश्चिमी संस्कृति एवं मीडिया के अदम्य आक्रमण के कारण तेज़ी से उफ़नी ज़रूर हैं, लेकिन अचानक पैदा नहीं हो गई हैं। इनके बीज तो स्वतन्त्रता और विभाजन के बाद हुए मोहभंग के साथ ही हमारी धरती में पड़ गए थे। साठ के दशक से इनका अंकुराना शुरू हुआ। सत्तर के दशक में ये हमारे जीवन और समाज में कुनमुनाने-कसमनाने लगे थे। पहले-पहल इन परिवर्तनों की दबी-घुटी अस्पष्ट अभिव्यक्ति महानगर के उच्चमध्यवर्गीय परिवारों में हुई। भीतर ही भीतर इनका क्रमिक विकास और विस्तार होता रहा। बस, परिवेश और परिस्थितियों की अनुकूलता पाकर आज इनका व्यापक विस्फोट हो गया है।

अगर हम गहराई और बारीकी से सातवें दशक का गम्भीर अध्ययन करें तो पाएँगे कि पारम्परिक मूल्यों, मर्यादाओं और सम्बन्धों से बदलते समय का सतत संघर्ष तब भी जारी था। परन्तु हम अपनी सभ्यता, संस्कृति और आदर्शवादिता के चलते उस बदलती वास्तविकता को देखने-मानने में असमर्थ थे। ऐसे में मोहन राकेश के अतिसंवेदनशील मन के राडार ने

भारतीय मध्यवर्गीय जीवन एवं परिवेश तथा पारिवारिक (विशेषतः स्त्री-पुरुष) सम्बन्धों में उथल-पुथल करती समय की दबी-छुपी कारगुज़ारियों को साफ़तौर से पहचान लिया था। यही कारण है कि उस समय जिन लोगों को 'आधे-अधूरे' का कथ्य कुछ अविश्वसनीय और आयातित-सा लगता था, आज वे उसे एकदम स्वाभाविक और सच्चा मानकर सहज स्वीकार लेते हैं। तब इसे एक ख़ास घर की कहानी मानने वालों को अब यह नाटक घर-घर की कहानी लगने लगा है। तब का चौंकानेवाला दृश्य आज का सामान्य यथार्थ बन गया है। इस नाटक की सर्वग्राह्यता और समकालीनता का यही रहस्य है।

राकेश के नाटकों के बारे में यह एक दिलचस्प तथ्य है कि 'लहरों के राजहंस' को वह पहले से लिख रहे थे, किन्तु 'आषाढ़ का एक दिन' बीच में आया और उससे पहले पूरा हो गया। इसी तरह, 'पैर तले की ज़मीन' के कई शीर्षकों, चरित्रों, दृश्यों के विभाजन तथा कुछेक प्रसंगों के आरम्भिक नोट्स राकेश ने अपनी एक डायरी में 26 जुलाई, 1964 को ही लिख लिए थे। इसके बारे में वह सोच-विचार कर ही रहे थे कि 'आधे-अधूरे' बीच में आ गया और लम्बे रचनाकाल के बावजूद 'पैर तले की ज़मीन' से पहले पूरा हो गया।

'आधे-अधूरे' नामक अपने इस 'नए नाटक' के लेखन के दौरान राकेश ने सुप्रसिद्ध अभिनेता-निर्देशक और मित्र श्यामानन्द जालान से कई बार बातचीत की। कलकत्ता में 3 जुलाई, 1966; दिल्ली में 20 अक्टूबर, 1967 तथा 22 अक्टूबर, 1967 की बातचीतों का तो लिखित उल्लेख स्वयं राकेश ने अपनी डायरी में ही किया है। बहुतों को यह जानकर आश्चर्य होगा कि हिन्दी नाट्य-भाषा के क्षेत्र में महत्त्वपूर्ण योगदान देनेवाले मोहन राकेश भी, अपने समकालीन कुछ बड़े लेखकों की तरह, अपनी कई रचनाओं का आरम्भिक काम अंग्रेज़ी में करते थे। उनकी हाल ही में उपलब्ध मार्च, 1968 की एक डायरी न केवल इस तथ्य का प्रमाण प्रस्तुत करती है बल्कि 'आधे-अधूरे' की रचना-प्रक्रिया पर भी प्रकाश डालती है। इसके 116 पृष्ठों पर राकेश के अंग्रेज़ी हस्तलेख में 'आधे-अधूरे' के विस्तृत नोट्स, चरित्रों के नाम, रूपरेखा, कथा-क्रम, संवाद, फ़ेड-आउट और फ़ेड-इन के साथ पात्रों के सुचिन्तित प्रवेश-प्रस्थान भी दर्ज किए गए हैं। इसमें इस नाटक के छह प्रारूप लिखे गए हैं। इनसे दो नई बातें सामने आती हैं। एक तो ये कि अन्तिम प्रारूप तैयार होने से पहले तक इस नाटक का नाम 'आधे और

अधूरे' था। दूसरी बात यह कि प्रस्तावना के लिए भारतीय नाटकों के परम्परागत पात्र सूत्रधार के लिए नाटककार ने पहले 'वह कोई एक' नामक चरित्र के बारे में सोचा था और जल्दी ही उस सोच को ख़ारिज भी कर दिया था। राकेश को दरअसल सूत्रधारनुमा एक ऐसे आधुनिक चरित्र की ज़रूरत थी जो नाटक के शेष पुरुष पात्रों के रूप में भी पहचाना जा सके अर्थात् जो पाँचों पुरुष भूमिकाएँ अभिनीत करे। पहले प्रारूप के बाद ही राकेश ने इसे 'काले सूटवाला आदमी' के रूप में लगभग निश्चित कर लिया था। आरम्भिक प्रारूप में सबकी उम्र के उल्लेख के साथ स्त्री का नाम रंजना सचदेव, पुरुष का बालकृष्ण सचदेव और बच्चों के नाम अशोक सचदेच, बीना सचदेव तथा कल्पना सचदेव दिए गए हैं। फिर बीना और कल्पना के नामों के साथ लगे 'सचदेव' को काट दिया गया है। एक पात्र मनमोहन गुलाटी को काटकर मनोज गुलाटी किया गया है। शेष पात्रों में चन्द्रकान्त जुनेजा, जगमोहन कपूर तथा हरीश महेन्द्र के नाम लिखे गए हैं। आगे चलकर 'काले सूटवाला', उसकी पत्नी, उसका लड़का, उसकी बड़ी लड़की और उसकी छोटी लड़की—नामक केवल पाँच पात्रों को ही रखा गया है। लेकिन पाँचवें प्रारूप में मंच-सज्जा के दो रेखाचित्रों के साथ पात्र-परिचय में काले सूटवाला, पुरुष-I, पुरुष-II, पुरुष-III, पुरुष-IV, स्त्री, बड़ी लड़की, छोटी लड़की और लड़के का उनकी वेशभूषा के साथ उल्लेख किया गया है। सम्भव है इन नामों वाले व्यक्ति कभी राकेश के परिचय-क्षेत्र में आए हों और उनकी जानी-पहचानी ठोस विशेषताओं के आधार पर उन्होंने इन चरित्रों की परिकल्पना की हो। बाद में कथ्य को विस्तृत एवं व्यापक बनाने के लिए शायद इन अनुभवगत मूर्त व्यक्ति-चरित्रों को अमूर्त जाति-वाचक पात्र में बदल दिया गया हो। यहाँ आकर शीर्षक को लेकर संशय शायद फिर उभरा है और दो स्थानों पर अलग-अलग ढंग से 'आधे और अधूरे' लिखकर देखा गया है। अंग्रेज़ी में लिखे छठे और मोटे तौर पर अन्तिम प्रारूप को कुल बीस सीक्वेंसों या दृश्यों में बाँटा गया है। इस प्रारूप की सबसे बड़ी विशेषता यह है कि यहाँ राकेश ने काले सूटवाले आदमी को केवल प्रस्तावना में प्रस्तुत करने के बजाय दो-तीन जगह बीच में और नाटक के अन्त में भी इस्तेमाल किया है। दूसरे प्रारूप का आरम्भ काले सूटवाले आदमी और अन्य कलाकारों द्वारा नाटक के संवाद याद करने या उसकी दूसरी समस्याओं की चर्चा के साथ जैसे पूर्वाभ्यास के से दृश्य के रूप में भी परिकल्पित करके देखा है। इस सन्दर्भ

में दिलचस्प तथ्य यह है कि राकेश द्वारा परिकल्पित और रद्द इन दोनों युक्तियों/विकल्पों का प्रयोग कालान्तर में क्रमशः अमाल अल्लाना और त्रिपुरारी शर्मा ने अपनी प्रस्तुतियों में अपनी मौलिक सोच एवं समझ से किया। इस सारी नेपथ्य-कथा को यहाँ देने का उद्देश्य केवल इतना ही है कि हम यह सत्य समझ सकें कि प्रस्तावना और काले सूटवाले आदमी की विभिन्न भूमिकाओं वाली युक्ति पाठक-दर्शक को चौंकाने या बेवजह प्रभावित करने के लिए न तो आरोपित थी और न ही बाद में जोड़ी गई थी। ये दोनों विशेषताएँ नाट्य-बीज में ही मौजूद थीं, उसकी विकास-प्रक्रिया में भी लगातार साथ रहीं और इसलिए ये नाट्यालेख के पुस्तकाकार रूप में उपलब्ध अन्तिम प्रारूप का अभिन्न और अविभाज्य अंग हैं। यही कारण है कि आलोचना चाहे कितनी भी की गई हो 'आधे-अधूरे' के लम्बे प्रस्तुति इतिहास में किसी भी उल्लेखनीय निर्देशक ने 'प्रस्तावना' को पूरी तरह हटाकर इस नाटक को अभिमंचित करने का साहस नहीं किया—यहाँ वहाँ से कुछ काट-छाँट या छेड़छाड़ कर लेना अलग बात है। एक अभिनेता द्वारा पाँचों भूमिकाएँ निभाने के नाटककार के आग्रह को केवल चमत्कृत करनेवाली एक आरोपित और अनावश्यक रंग-युक्ति मात्र माननेवाले निर्देशकों में से मोतीलाल क्यूम (जम्मू), गजानन पित्रे (इलाहाबाद), अवी नन्दा (देहरादून), सुशील चौधरी (सवाई माधोपुर), राजिन्दर नाथ (कलकत्ता), एम.के. रैना (दिल्ली), गोविन्द गुप्ता (भुवनेश्वर), हरीश भाटिया (चंडीगढ़), राजेन्द्र गुप्त (उज्जैन), प्रसन्ना मोहंती (कटक), विजय कपूर (सीतापुर), सतीश कुमार (गोरखपुर) तथा अलखनन्दन (भोपाल), ने अपनी प्रस्तुतियों में जब पाँच अलग-अलग अभिनेताओं का प्रयोग किया तो उनमें से एक प्रदर्शन भी पूरी तरह असरदार और कामयाब नहीं हो सका। कई बार बड़े और श्रेष्ठ अभिनेताओं के प्रभावशाली अभिनय के बावजूद लगभग सभी प्रस्तुतियों का समान परिणाम केवल संयोग नहीं हो सकता। वास्तव में सच तो यह है कि इस विखंडन से नाटक के मूल मन्तव्य की तीव्रता, बुनियादी थिएट्रीकैलिटी, अन्विति और प्रभाव की एकाग्रता ही नष्ट हो गई।

यह सच है कि 'आधे-अधूरे' के प्रकाशन के समय तत्कालीन हिन्दी रंगकर्म में सफलतापूर्वक एक साथ पाँच भूमिका निभा सकनेवाला एक भी प्रतिभावान और बड़ा अभिनेता दिखाई नहीं देता था। उसके अभाव की आशंका पूरी तरह निराधार नहीं थी। परन्तु आज हम इस ऐतिहासिक तथ्य को भी झुठला नहीं सकते कि इसी नाटक की चुनौती ने हिन्दी/भारतीय

रंगमंच के अनेक अभिनेताओं की अव्यक्त अभिनय प्रतिभा और प्रसुप्त कल्पनाशीलता को उत्तेजित एवं जागृत करके अभिनय-स्तर की दृष्टि से हमारे रंगमंच को पर्याप्त ऊँचाई और प्रतिष्ठा प्रदान की। सच्चे और अच्छे अभिनेता के लिए यह भूमिका एक कसौटी सिद्ध हुई। अपनी तमाम सीमाओं के बावजूद ओम शिवपुरी, अमरीश पुरी, श्रीराम लागू, कृष्ण कुमार, श्यामानन्द जालान, मनोहर सिंह, सतीश आनन्द, फ़ैज़ल अल्काज़ी, रवि बासवानी, मनोज पाहवा, रवि खानविलकर और दिनेश ठाकुर जैसे अनेक अभिनेताओं ने इसी कसौटी पर चढ़कर अपनी अभिनय सम्भावनाओं एवं क्षमताओं के नए आयाम उद्घाटित किए।

आधुनिक समय विराट् घटनाओं और महान नायकों का नहीं है। यह मानसिक संघर्ष और आम आदमी की लघुता और तुच्छता का युग है। यही कारण है कि राकेश ने 'आधे-अधूरे' में बड़ी-बड़ी बाह्य घटनाओं के संघर्ष के बजाय पात्रों की मनःस्थितियों और संवेदनाओं की टकराहट को आन्तरिक विस्फोट के रूप में तीव्रता एवं सघनता से प्रस्तुत किया है। इसके चरित्र मध्यवर्ग के सामान्य व्यक्ति हैं—महत्वाकांक्षी, अतृप्त, असन्तुष्ट, कुंठित, आतंकित, क्रुद्ध और अन्तर्द्वन्द्वग्रस्त। वे रिश्तों में एक दूसरे से कटे-बँधे और सतत तनावत्रस्त हैं। नाटककार ने उन्हें व्यक्ति विशेष के बजाय उनके जातिगत रूपों में ही उभारा है। नाटक के पाँच पुरुष एक ही व्यक्ति के विविध रूप या पहलू हैं—वह मिलकर एक जटिल पुरुष-चरित्र की सृष्टि करते हैं। सावित्री भी स्पष्टतः एकायामी चरित्र नहीं है। उसकी तलाश, छटपटाहट, लड़ाई और विवशता उसे एक ज़िन्दा औरत बनाती है जो न तो पुराण काल की सती-सावित्री है और न ही अत्याधुनिक समय की पूरी तरह स्वच्छन्द स्त्री। नाटक का अनुभव-क्षेत्र केवल महेन्द्रनाथ-सावित्री के विशिष्ट परिवार तक सीमित नहीं है। जुनेजा, जगमोहन, सिंघानिया की परिस्थितियाँ और दुनिया कुछ अलग हैं। किन्नी की सहेली सुरेखा के माँ-बाप के भी विवाहेत्तर सम्बन्धों और समस्याओं का संकेत नाटककार ने किया है। मनोज और बिन्नी के घर-परिवार की परिस्थितियाँ भी नाटक के केन्द्रीय परिवार से भिन्न हैं। फिर भी, सतह से तह में उतरते ही इन सबकी नियति और स्थिति—तमाम भिन्नताओं एवं अन्तरों के बावजूद—काफ़ी हद तक समान दिखाई देती है।

'आषाढ़ का एक दिन', 'लहरों के राजहंस' और 'आधे-अधूरे' में स्त्री-पुरुष के बीच सम्यक समीकरण, घर और सम्पूर्णता की तलाश एक

यात्रा के रूप में दिखाई देती है। राकेश की ज़िन्दगी और रचनाओं पर अक्सर स्त्री-विरोधी होने के आरोप लगाए जाते रहे हैं। 'आधे-अधूरे' के एक नाट्य-पाठ में दीना पाठक ने भी राकेश पर स्त्री के प्रति जानबूझकर की गई ऐसी ही ज़्यादती का आरोप लगाया था। कहा जाता है कि उसपर गम्भीर चिन्तन-मनन के बाद ही राकेश ने तीसरे अंक का सावित्री का वह लम्बा संवाद लिखा, जो न केवल स्त्री के पक्ष को आन्तरिकता के साथ प्रस्तुत ही करता है बल्कि इस नाटक का अभिन्न तथा महत्त्वपूर्ण अंग भी (दिलचस्प तथ्य यह भी है कि विजय तेंडुलकर के 'ख़ामोश ! अदालत जारी है' में वेणारे के अन्तिम एकालाप को भी इसी तरह बाद में जोड़ा गया था) है। इसके बावजूद पूरा सन्तुलन शायद बन नहीं पाया और जुनेजा के तर्कों के सामने सावित्री प्रायः कमज़ोर नज़र आती है। नाटककार के इस पूर्वाग्रह को कई निर्देशकों और सशक्त अभिनेत्रियों ने अपनी प्रस्तुतियों में सन्तुलित करने का सार्थक प्रयास भी किया है।

'आधे-अधूरे' की नाट्य-भाषा शब्द, ध्वनि, मौन, मुद्रा, क्रिया, मंच-सज्जा, ध्वनि-प्रभाव और छायालोक के रचनात्मक संश्लेष से उपलब्ध की गई 'जीने की भाषा' है। अभिप्रेत अर्थ की यथासम्भव सटीक अभिव्यक्ति के लिए राकेश अपनी नाट्य-भाषा के विभिन्न तत्त्वों को शब्द के पूरक के रूप में भी प्रयोग करते हैं और उसके स्थापन्न के रूप में भी। कभी-कभी वाक्य में किसी शब्द के स्थान परिवर्तन मात्र से उसकी अर्थ-ध्वनि या भंगिमा बदल देते हैं। निरर्थक ध्वनियों के अर्थपूर्ण प्रयोग और साधारण शब्दों, क्रियाओं तथा वस्तुओं को बहुअर्थगर्भी प्रतीकात्मक स्तर प्रदान कर देना राकेश की नाट्य भाषा की एक अन्य प्रमुख विशेषता है। चरित्रों की आन्तरिकता से उद्भूत विशिष्ट संवाद-लय की सृष्टि—हिन्दी नाटक को इस रचनाकार की अनूठी देन है।

वस्तु-संरचना के भारतीय और पाश्चात्य सभी प्रचलित सिद्धान्तों से हटकर 'आधे-अधूरे' में नाटककार ने एक नया प्रयोग किया है। इस नाटक की गति वर्तुलाकार है और इसमें पारम्परिक संघर्ष और उठान नहीं है। अपने ही नरक में जीने के लिए अभिशप्त चरित्रों से सम्बन्धित कथ्य और रचना के रंग-शिल्प में एक अद्भुत अन्विति है, जो इसकी अनूठी विशेषता है। रंग-निर्देशों की भरमार भी यहाँ निर्देशक के अधिकार-क्षेत्र में नाटककार का अनपेक्षित हस्तक्षेप नहीं है, क्योंकि वे मूल पाठ के अनिवार्य अंश के रूप में मौजूद हैं।

'आधे-अधूरे' का आलेख भिन्न निर्देशकीय व्याख्या के लिए ज़्यादा अवकाश नहीं देता। फिर भी, बिना अधिक हेर-फेर के कुछ प्रतिभावान नाट्य-निर्देशकों ने इसे अपनी दृष्टि से व्याख्यायित करने के मौलिक और महत्त्वपूर्ण प्रयत्न किए हैं। ओम शिवपुरी ने 'दिशान्तर' की अपनी प्रस्तुति में नाटककार की इच्छा के अनुरूप स्त्री-पुरुष सम्बन्धों की विडम्बना और उसकी छाया में घुटते-टूटते परिवार की त्रासद स्थिति के साथ-साथ व्यक्तियों की विभिन्नता के बावजूद मानवीय अनुभव एवं रिश्तों की अभिशप्त नियति की समानता पर बल दिया। 'थिएटर यूनिट' की ओर से प्रदर्शित सत्यदेव दुबे ने अपने मराठी प्रस्तुतिकरण में यदि बेमेल व्यक्तियों की टकराहट से होनेवाले पारिवारिक विघटन को रेखांकित किया तो हिन्दी अभिमंचन में एक स्त्री की टूटन और कुंठा पर बल दिया—यह अलग बात है कि स्त्री के कमज़ोर अभिनय के कारण प्रदर्शन में पुरुष (अमरीश पुरी) ही उस पर हावी हो गया। श्यामानन्द जालान ने भी स्त्री (प्रतिभा अग्रवाल) को प्रमुख और प्रखर बनाने का प्रयास किया। 'अनामिका' की इस प्रस्तुति में निर्देशक ने मनोज को लेकर सावित्री और बिन्नी (माँ-बेटी) को परस्पर प्रतियोगी बनाकर आलेख को नया आयाम देने की कोशिश की। परन्तु प्रदर्शन में यह बिन्दु उभर नहीं सका और कुल मिलाकर प्रस्तुति बहुत प्रभावशाली नहीं बन पाई। श्यामानन्द जालान निर्देशित और अभिनीत 'पदातिक' की प्रस्तुति में दब्बू, पराजित और व्यक्तित्वहीन महेन्द्रनाथ की शख्सियत में उसके क्रूर और दरिन्दे रूप का सामंजस्य करने की कोशिश की गई। श्यामानन्द जालान और चेतना जालान ने पति-पत्नी के रिश्ते को जीत-हार के एक दंगल में बदल दिया। इस नाटक के अन्य अनेक निर्देशकों की तरह सतीश आनन्द ने भी आलेख के साक्ष्य पर सावित्री को ही अधिक दोषी सिद्ध किया। अमाल अल्लाना की प्रयोगधर्मी प्रस्तुति में तो स्त्री (सुरेखा साकरी) के साथ और भी ज़्यादती की गई। सिंघानिया-प्रसंग में ऐसा लगा जैसे सावित्री केवल अपनी ही नहीं बल्कि अपनी बेटी बिन्नी के मूल्य पर भी 'बॉस' को खुश करने पर उतारू है। सावित्री के बजाय या उसके साथ बिन्नी को सिंघानिया के साथ दरवाज़े के बाहर तक भेजना—वास्तव में स्त्री को स्वार्थी, चरित्रहीन और छोटा बना देता है। वह महेन्द्रनाथ तथा जुनेजा के लांछनों एवं तर्कों के सामने बहुत बौनी और कमज़ोर नज़र आने लगती है। इसके दूसरे सीमान्त पर भारत भवन रंगमंडल की प्रस्तुति में अलखनन्दन अपनी पूरी सहानुभूति सावित्री को देकर, उसके चरित्र को ऊपर

उठाने की भरसक कोशिश करते हैं। अलखनन्दन की सावित्री बिन्नी के प्रति सिंघानिया की कुदृष्टि पर न केवल विवशताजन्य खेद प्रकट करती है बल्कि ज़रूरत पड़ने पर उसकी रक्षा के लिए स्वयं ढाल बनकर दोनों के बीच भी आ जाती है। वह अपने घर में जुनेजा के अनपेक्षित हस्तक्षेप को अस्वीकार करने का साहस भी रखती है और 'अन्दर' तथा 'बाहर' के दोनों मोर्चों पर अकेले दम पर लड़ने की हिम्मत भी। इस प्रस्तुति में वह संघर्ष की सक्रिय शक्ति की प्रतीक बनकर एक सीमा तक महिमामंडित भी हो उठती है। सुरेश भारद्वाज निर्देशित 'सम्भव' के प्रस्तुतीकरण में मनोज पाहवा के चारों पुरुषों के मुकाबले सीमा भार्गव की अकेली स्त्री भी काफ़ी भारी पड़ती है। परन्तु अपनी अस्मिता, अस्तित्व, आकांक्षा और भविष्य के लिए सतत प्रयत्नशील एक सम्पूर्ण स्त्री का जैसा मानवीय एवं संवेदनशील रूप त्रिपुरारी शर्मा निर्देशित राष्ट्रीय नाट्य विद्यालय रंगमंडल के प्रदर्शन में उभरा वह सचमुच राकेश के इस नाटक का एक नया, समयानुकूल और सन्तुलित पाठ है। प्रतिमा काज़मी की सावित्री निष्क्रिय या भगौड़ी नहीं है, वह कई कामों की शायद दोषी भी है—क्योंकि वही तो एक है जो तमाम ज़िम्मेदारियाँ उठाती है और यथास्थिति को बदलने की कोशिश करती है। सारी थकन, अतृप्ति, लड़ाई, टूटन और असफ़लता-निराशा के बावजूद यह उसी की कोशिशों का फल है कि उस सूखे-बंजर घर में अब भी एक हरा पौधा शेष है—फूल खिलने की गुंजाइश बाकी है, क्योंकि वही एक है जो गाहे-ब-गाहे पानी देकर उसे ज़िन्दा रखे हुए है। शायद यही कारण है कि यहाँ समय आने पर बेटी माँ को सहारा दे पाती है और बेटा पिता को सहानुभूति दे पाता है। बच्चे एक-दूसरे पर प्यार से तकिया फेंककर अपनेपन से लड़ भी सकते हैं। दिनेश ठाकुर निर्देशित 'अंक' की प्रस्तुति के अन्त में भी जब महेन्द्रनाथ लड़खड़ाकर गिरने से बचने के लिए सोफ़े का सहारा लेना चाहता है तो आगे बढ़कर सावित्री ही उसे सँभालती है और बेटी माँ का कन्धा पकड़कर उसे हमदर्दी देती है।

सिंघानिया के चरित्र-निरूपण की दृष्टि से अमाल अल्लाना और अलखनन्दन के प्रदर्शन एक दूसरे के काफ़ी निकट पड़ते हैं। परन्तु इसकी कामुक मुद्राओं, हरकतों और अश्लील इशारों के प्रति स्त्री की प्रतिक्रिया के अन्तर से व्याख्या में काफ़ी फ़र्क पैदा हो जाता है। 'अनामिका' के अभिमंचन में कृष्ण कुमार का सिंघानिया फूहड़ और हास्यास्पद है तो 'पदातिक' के प्रदर्शन में श्यामानन्द जालान का सिंघानिया कामुक, शातिर

और समझदार है—जो न केवल इस घर और सावित्री की विवशता-विडम्बना तथा अपनी ताकत को अच्छी तरह जानता है बल्कि अपने हित में उसका इस्तेमाल भी करना चाहता है। दिलचस्प तथ्य यह है कि इन दोनों प्रस्तुतियों के निर्देशक श्यामानन्द जालान ही हैं। ओम शिवपुरी ने इसे कैरीकेचर की तरह प्रस्तुत किया तो श्रीराम लागू एक जीते-जागते, सचेत और चालाक बॉस की तरह। दिनेश ठाकुर इसी चरित्र को गेरुआ रंग के कुर्ते, विशिष्ट भंगिमा और बोलने के एक ख़ास अन्दाज़ से किसी बड़े नेता का विद्रूप बना देते हैं। अधिनिरूपण और व्याख्या सम्बन्धी इसी प्रकार की विविधता हमें अन्य चरित्रों एवं प्रस्तुतियों में भी देखने को मिलती है। ऐसे सभी प्रयोगों और पाठों की सम्भावनाओं के संकेत या बीज किसी-न-किसी रूप में मूल नाट्यालेख में ही निहित हैं—और इसकी यही व्यंजना शक्ति 'आधे-अधूरे' को बड़ा नाटक बनाती है। अंग्रेज़ी सहित अधिकांश भारतीय भाषाओं में सर्वाधिक अनूदित और अभिमंचित होनेवाले हिन्दी के दो-तीन अतिविशिष्ट नाटकों में से एक और समकालीन परिवेश तथा पात्रों वाला यह एकमात्र ऐसा नाटक है जिसकी कसौटी पर खरा उतरने के बाद ही कोई निर्देशक-अभिनेता अपनी रंग-प्रतिभा को प्रमाणित कर पाता है। ऐसा लगता है कि आगामी पीढ़ियों के महत्वाकांक्षी रंगकर्मियों के लिए भी यह नाटक चुनौती बनकर उपस्थित रहेगा।

हिन्दी रंगकर्म के इतिहास में 'आधे-अधूरे' पहला महत्त्वपूर्ण नाटक है जिसमें इतिहास-पुराण के सहज उपलब्ध नाटकीय कथानकों, आकर्षक चरित्रों और भव्य परिवेश तथा संस्कृतनिष्ठ आलंकारिक भाषा के सुविधा-मोह को त्यागकर नाटककार ने आधुनिक अनुभव को समकालीन पात्रों-प्रसंगों, परिवेश और भाषा में पूरी प्रामाणिकता एवं जीवन्तता से प्रस्तुत किया गया। इसने व्यवस्थित, मर्यादित, और सुखी-संतुष्ट भारतीय घर-परिवार के पारम्परिक मिथक को तोड़ने के साथ-साथ उसके बदलते सम्बन्धों और अन्तर्विरोधों को भी रेखांकित किया। इसने न केवल साहित्यिक और रंगमंचीय तथा कलात्मक और लोकप्रिय नाटकों के भ्रामक एवं ग़लत विभाजन को ही समाप्त किया बल्कि इस दोहरी भूमिका का निर्वाह करनेवाले एक सफल एवं सार्थक नाटक का श्रेष्ठ उदाहरण भी प्रस्तुत किया। रंगकर्मियों, प्रेक्षकों और पाठकों के बीच 'आधे-अधूरे' की लगातार बढ़ती ग्रहणशीलता एवं माँग इसकी महत्ता और प्रासंगिकता का सबसे बड़ा प्रमाण है।

—जयदेव तनेजा

निर्देशक का वक्तव्य

एक निर्देशक की दृष्टि से 'आधे-अधूरे' मुझे समकालीन ज़िन्दगी का पहला सार्थक हिन्दी नाटक लगता है। यह मौजूदा जीवन की विडम्बना के कुछेक सघन बिन्दुओं को रेखांकित करता है। इसके पात्र, स्थितियाँ एवं मनःस्थितियाँ यथार्थपरक तथा विश्वसनीय हैं। इसका गठन सुदृढ़ एवं रंगोपयुक्त है। पात्रों के प्रवेश और प्रस्थान रंग-प्रभावों की दृष्टि से भली-भाँति संयोजित हैं। पूरे नाटक की अवधारणा के पीछे सूक्ष्म रंग-चेतना निहित है।

'आधे-अधूरे' आज के जीवन के एक गहन अनुभव-खंड को मूर्त्त करता है। इसके लिए हिन्दी के जीवन्त मुहावरे को पकड़ने की सार्थक, प्रभावशाली कोशिश की गई है। पहले वाचन के समय ही मुझे इसकी भाषा में बड़ी कशिश लगी थी। कहना न होगा कि इस नाटक की एक अत्यन्त महत्त्वपूर्ण विशेषता इसकी भाषा है। इसमें वह सामर्थ्य है जो समकालीन जीवन के तनाव को पकड़ सके। शब्दों का चयन, उनका क्रम, उनका संयोजन—सब-कुछ ऐसा है, जो बहुत सम्पूर्णता से अभिप्रेत को अभिव्यक्त करता है। लिखित शब्द की यही शक्ति और उच्चरित ध्वनि-समूह का यही बल है, जिसके कारण यह नाट्य-रचना बन्द और खुले, दोनों प्रकार के मंचों पर अपना सम्मोहन बनाए रख सकी।

जहाँ तक अधिनिरूपण का सवाल है, 'आधे-अधूरे' मेरे लिए कई दृष्टियों से अर्थवान है। यह आलेख एक स्तर पर स्त्री-पुरुष के बीच के लगाव और तनाव का दस्तावेज़ है। महेन्द्रनाथ सावित्री से बहुत प्रेम करता है। सावित्री भी उसे चाहती रही होगी, लेकिन ब्याह के बाद महेन्द्रनाथ को बहुत निकट से जानने पर उससे वितृष्णा होने लगी, क्योंकि जीवन से सावित्री की अपेक्षाएँ बहुमुखी और अनन्त हैं। अब महेन्द्रनाथ की बेकारी की हालत में सावित्री बहुत कटु हो गई है। एक ओर घर को चलाने का

असह्य बोझ है तो दूसरी ओर ज़िन्दगी में कुछ भी हासिल न कर पाने की तीखी कचोट। अपने बच्चों के बर्ताव से अत्यन्त तिक्त हुई सावित्री बची-खुची ज़िन्दगी को ही एक पूरे, सम्पूर्ण पुरुष के साथ बिताने की आकांक्षा रखती है। पर यह आकांक्षा पूरी नहीं हो पाती, क्योंकि सम्पूर्णता की तलाश ही शायद वाजिब नहीं।

सावित्री की कमाई पर पलता हुआ बेकार महेन्द्रनाथ दयनीय है। कभी जिस घर का वह गृहस्वामी था, आज उसी घर में उसकी हालत एक नौकर के समान है। अब वह केवल, 'एक ठप्पा, एक रबड़ का टुकड़ा' है। वह सावित्री के पुरुष-मित्रों को जानता है और जब-तब उनका जिक्र करके अपने दिल की भड़ास निकालता रहता है। अपने कुचले आत्म-सम्मान को बचाने की खातिर वह अक्सर 'शुक्र-शनीचर' घर छोड़कर चला जाता है, लेकिन कुछ घंटों बाद वापस लौट आता है—थका-हारा, पराजित...क्योंकि यही उसकी नियति है।

एक दूसरे स्तर पर यह नाट्य-कृति पारिवारिक विघटन की गाथा है। इस अभिशप्त कुटुम्ब का हर-एक सदस्य एक-दूसरे से कटा हुआ है। घर की त्रासदायक 'हवा से वे अपने और एक-दूसरे के लिए ज़हरीले हो रहे हैं। 'बड़ी लड़की' मनोज रूपी हमदर्द द्वार को पाते ही बाहर निकल भागी है। 'लड़का' पत्रिकाओं से अभिनेत्रियों की रंगीन तस्वीरें काटता हुआ उस मौके के इन्तज़ार में है, जब वह भी यहाँ से निकल सकेगा। अपने पिता के लिए उसके मन में करुणा है, माँ के लिए आक्रोश। वह बड़ी बहन के प्रेम में विश्वास नहीं करता, उसे घर से निकलने का एक ज़रिया मानता है।

'छोटी लड़की' माता, पिता, बहन, भाई—किसी के प्रति लगाव महसूस नहीं करती। अपनी छोटी-छोटी आवश्यकताओं की आपूर्ति से बेहद कड़वी होकर वह कैंची की तरह जुबान चलाती है और यौन-सम्बन्धों में दिलचस्पी लेने लगती है, जो उसकी आयु से कहीं आगे है। उसकी बदमिज़ाजी दिन-पर-दिन बढ़ती जा रही है, क्योंकि पिता की बेकारी, माँ के पुरुष-मित्रों और बड़ी बहन के घर से भाग जाने के कारण उसे बाहरी लोगों की कुत्सित बातें सुननी पड़ती हैं।

दफ़्तर और घर में दिन-भर खटती सावित्री सिर्फ बिन्नी से ही थोड़ी-सी

सहानुभूति पाती है, हालाँकि बिन्नी भी उससे इसी सवाल की तलबगार है कि इस घर में ऐसा क्या है, जो यहाँ से निकल जाने के बाद भी उसके और मनोज के बीच काली छाया के समान आ जाता है ?

अशोक सावित्री के प्रभावशाली व्यक्तियों से सम्बन्ध बनाने का विरोधी है, क्योंकि ऐसे लोगों के घर में आने पर वह अपनी निगाह में 'जितना छोटा है, उससे कहीं और छोटा हो जाता' है। कुल मिलाकर ये पारिवारिक अन्तर्सम्बन्ध दिलचस्प ढंग से बहुस्तरीय हैं।

एक अन्य स्तर पर यह नाट्य-रचना मानवीय सन्तोष के अधूरेपन का रेखांकन है। जो ज़िन्दगी से बहुत-कुछ चाहते हैं उनकी तृप्ति अधूरी ही रहती है। महेन्द्रनाथ, सिंघानिया, जगमोहन और जुनेजा—ये अलग-अलग गुणों के चार पुरुष हैं। चुनाव के एक क्षण में सावित्री ने महेन्द्रनाथ के साथ गाँठ बाँध ली और आगे चलकर अपने को भरा-पूरा महसूस नहीं किया। लेकिन अगर वह महेन्द्रनाथ की बजाय जगमोहन से रिश्ता जोड़ती, तब भी अनुभूति वही रहती, क्योंकि तब जगमोहन में जुनेजा के गुण नहीं मिलते...और इस तरह यह दुश्चक्र चलता ही रहता है।

एक स्तर पर यह नाटक मेरे लिए व्यक्तियों की विभिन्नता के बावजूद मानवीय अनुभव की समानता का दिग्दर्शन है। इसके लिए नाटककार ने एक ही अभिनेता द्वारा पाँच पृथक् भूमिकाएँ निभाए जाने की दिलचस्प रंगयुक्ति का सहारा लिया है। महेन्द्रनाथ की जगह जगमोहन को रख देने से या जगमोहन के स्थान पर जुनेजा को रख देने से स्थिति में कोई बुनियादी अन्तर नहीं पड़ता, क्योंकि परिस्थितियों के एक ढाँचे में व्यक्ति लगभग समान ढंग से बर्ताव करता है। इसी अनुभव पर बल देने के लिए कुछेक प्रदर्शनों में नाटक की शुरुआत के साथ एक स्पॉट कमरे में लगे मुखौटे को आलोकित करता था।

'आधे-अधूरे' का कार्य-स्थल मकान का बैठने का कमरा है, जिसमें सोफ़े, कुर्सियाँ, मेज़ें, अलमारी, किताबें, फ़ाइलें आदि हैं। यह कमरा एक समय साफ़-सुथरा रहा होगा, पर सालों की आर्थिक कठिनाइयों के कारण अब सब पर धूल की तह जम गई है। क्रॉकरी पर चटखन है। दीवारें मटमैली हो गई हैं। परिवार का हर सदस्य एक-दूसरे से कटा हुआ है। घर की हवा तक में उस स्थायी तल्खी की गन्ध है, जो पाँचों व्यक्तियों

के मन में भरी हुई है—ऊब, घुटन, आक्रोश, विद्रूप—दम घोंटनेवाली मनहूसियत, जो मरघट में होती है।

इस तनाव-भरे वातावरण के सम्प्रेषण के लिए मुझे पहले बॉक्स-सेट ही उपयुक्त लगा और कई प्रारम्भिक प्रदर्शनों में उसे ही अपनाया गया। साथ ही कुछेक प्रदर्शनों में नाटक के शुरू और अन्त में ऐसे पार्श्व-संगीत का व्यवहार किया गया जिसकी 'ध्वनि-तरंगें' श्मशान-भूमि की सन्त्रस्त वीरानगी को सम्प्रेषित करती थीं।

नाटक के शुरू के कुछ प्रदर्शन बन्द प्रेक्षागृहों में हुए। जब मुक्ताकाशी 'त्रिवेणी' में प्रदर्शन की बात आई, तो कुछ मित्रों ने शंका प्रकट की कि नाटक सम्भवतः खुले मंच के लिए उपयुक्त नहीं है, उसमें नाटक के तनाव और सघनता के बिखर जाने का ख़तरा है। लेकिन मेरी यह मान्यता है कि गम्भीर नाट्य-दल को दर्शक पाने के लिए नए रास्ते ढूँढ़ने होंगे। अगर नाटक गहन, कलात्मक नाट्यानुभूति देने में समर्थ है, अगर वह ज़िन्दगी की महत्त्वपूर्ण उथल-पुथल पर उँगली रखता है, तो हो सकता है कि बाहर सड़क पर कुछ आहट या किसी कार के हॉर्न की आवाज़ मंच पर की कलात्मक यात्रा में कोई रुकावट न डाल सके। मुझे सन्तोष है कि मेरा विश्वास सही साबित हुआ। बन्द और खुले प्रेक्षागृह के अन्तर से नाटक की प्रभावान्विति पर कोई असर नहीं पड़ा। दर्शक के साथ तादात्म्य उतना ही तीव्र और गहन रहा। इन्हीं दिनों यह अनुभव भी हुआ कि बॉक्स-सेट कई व्यावहारिक मुश्किलें पैदा करता है। वह एक ओर जहाँ समय और व्यवसाध्य है, वहीं दूसरी ओर रंगोपकरणों के अधिक आश्रय का भी द्योतक है। और यह बात किसी हद तक मेरी धारणाओं के साथ नहीं जाती। इसलिए हिम्मत करके मैंने बॉक्स-सेट का व्यवहार भी छोड़ दिया और इससे भी प्रस्तुति के प्रभाव में कोई अन्तर नहीं महसूस किया गया।

मैं प्रदर्शन में सादगी का कायल हूँ। इसलिए प्रकाश-व्यवस्था में भी किसी तरह के लटके नहीं थे। नाटक के लिए उपयुक्त सादी आलोक-पद्धति थी। प्रारम्भ में कुछेक स्पॉट घर की विभिन्न चीज़ों को आलोकित करते थे, फिर हाउस लाइट में घुल-मिल जाते थे। इसी प्रकार दूसरे अंक के शुरू में दो स्पॉट 'लड़के' और 'बड़ी लड़की' को आलोकित करते थे, फिर एक प्रकाश-व्यवस्था में सम्मिश्रित हो जाते थे। वेशभूषा के पीछे भी यही

दृष्टि थी। प्रमुख अभिनेता को पाँच भूमिकाएँ करनी थीं। इसके लिए वह केवल एक ऊपरी वस्त्र बदलता था—सबसे पहले काला सूट (काले सूटवाला आदमी), फिर कोट उतारकर केवल कमीज़ (महेन्द्रनाथ), फिर बन्द गले का कोट या टोपी (सिंघानिया), आगे हाइनेक की कमीज़ (जगमोहन) और फिर लम्बा कोट (जुनेजा)। बिन्नी, किन्नी और अशोक की पोशाकों में कोई परिवर्तन नहीं था। केवल सावित्री दूसरे अंक के लिए साड़ी बदलती थी, क्योंकि वह स्थिति की माँग थी।

प्रस्तुति की एक अन्य उल्लेखनीय विशेषता थी मेकअप का न होना। नायिका केवल वही मेकअप किए हुए थी, जो उस जैसी स्त्री वास्तविक जीवन में करती है। इसके अलावा किसी कलाकार ने पाउडर इत्यादि छुआ भी नहीं था।

इस प्रदर्शन की एक महत्त्वपूर्ण विशेषता थी नाटककार और निर्देशक का पारस्परिक सहयोग। पहले पूर्वाभ्यास से ही राकेशजी साथ थे और पहले प्रदर्शन तक वे बराबर इस कलात्मक यात्रा के सहयात्री रहे। फर्नीचर में तिपाई के चुनाव से लेकर नाटक के अधिनिरूपण तक हमने साथ-साथ काम किया। अनेक बार मतभेद हुए, लम्बे वाद-विवाद भी। लेकिन अन्तिम रूप में जो नाट्य-परिणाम सामने आया, उसे लेकर हम दोनों ही सहमत थे, अर्थात् प्रस्तुति में ऐसा एक भी तत्त्व नहीं था, जिससे या तो मैं असहमत होता या राकेशजी !

पात्र

का.सू.वा. (काले सूटवाला आदमी) जो कि पुरुष-एक, पुरुष-दो, पुरुष-तीन तथा पुरुष-चार की भूमिकाओं में भी है। उम्र लगभग उनचास-पचास। चेहरे की शिष्टता में एक व्यंग्य। पुरुष-एक के रूप में वेशान्तर : पतलून-कमीज़। ज़िन्दगी से अपनी लड़ाई हार चुकने की छटपटाहट लिए। पुरुष-दो के रूप में : पतलून और बन्द गले का कोट। अपने आपसे सन्तुष्ट, फिर भी आशंकित। पुरुष-तीन के रूप में : पतलून-टीशर्ट। हाथ में सिगरेट का डिब्बा। लगातार सिगरेट पीता। अपनी सुविधा के लिए जीने का दर्शन पूरे हाव-भाव में। पुरुष-चार के रूप में : पतलून के साथ पुरानी काट का लम्बा कोट। चेहरे पर बुज़ुर्ग होने का ख़ासा अहसास। काइयाँपन।

स्त्री। उम्र चालीस को छूती। चेहरे पर यौवन की चमक और चाह फिर भी शेष। ब्लाउज़ और साड़ी साधारण होते हुए भी सुरुचिपूर्ण। दूसरी साड़ी विशेष अवसर की।

बड़ी लड़की। उम्र बीस से ऊपर नहीं। भाव में परिस्थितियों से संघर्ष का अवसाद और उतावलापन। कभी-कभी उम्र से बढ़कर बड़प्पन। साड़ी : माँ से साधारण। पूरे व्यक्तित्व में एक बिखराव।

छोटी लड़की। उम्र बारह और तेरह के बीच। भाव, स्वर, चाल—हर चीज़ में विद्रोह। फ्रॉक चुस्त, पर एक मोज़े में सूराख़।

लड़का। उम्र इक्कीस के आसपास। पतलून के अन्दर दबी भड़कीली बुश्शर्ट धुल-धुलकर घिसी हुई। चेहरे से, यहाँ तक कि हँसी से भी, झलकती ख़ास तरह की कड़वाहट।

मध्य-वित्तीय स्तर से ढहकर निम्न-मध्य-वित्तीय स्तर पर आया एक घर।

सब रूपों में इस्तेमाल होनेवाला वह कमरा जिसमें उस घर के व्यतीत स्तर के कई एक टूटते अवशेष—सोफा-सेट, डाइनिंग टेबल, कबर्ड और ड्रेसिंग टेबल आदि—किसी-न-किसी तरह अपने लिए जगह बनाए हैं। जो कुछ भी है, वह अपनी अपेक्षाओं के अनुसार न होकर कमरे की सीमाओं के अनुसार एक और ही अनुपात से है। एक चीज़ का दूसरी चीज़ से रिश्ता तात्कालिक सुविधा की माँग के कारण लगभग टूट चुका है। फिर भी लगता है कि वह सुविधा कई तरह की असुविधाओं से समझौता करके की गई है—बल्कि कुछ असुविधाओं में ही सुविधा खोजने की कोशिश की गई है। सामान में कहीं एक तिपाई, कहीं दो-एक मोढ़े, कहीं फटी-पुरानी किताबों का एक शेल्फ़ और कहीं पढ़ने की एक मेज़-कुर्सी भी है। गद्दे, परदे, मेज़पोश और पलँगपोश अगर हैं, तो इस तरह घिसे, फटे या सिले हुए कि समझ में नहीं आता कि उनका न होना क्या होने से बेहतर नहीं था ?

तीन दरवाज़े तीन तरफ से कमरे में झाँकते हैं। एक दरवाज़ा कमरे को पिछले अहाते से जोड़ता है, एक अन्दर के कमरे से और एक बाहर की दुनिया से। बाहर का एक रास्ता अहाते से होकर भी है। रसोई में भी अहाते से होकर जाना होता है। परदा उठने पर सबसे पहले चाय पीने के बाद डाइनिंग टेबल पर छोड़ा गया अधटूटा टी-सेट आलोकित होता है। फिर फटी किताबों और टूटी

कुर्सियों आदि में से एक-एक। कुछ सेकंड बाद प्रकाश सोफ़े के उस भाग पर केन्द्रित हो जाता है जहाँ बैठा काले सूटवाला आदमी सिगार के कश खींच रहा है। उसके सामने रहते प्रकाश उसी तरह सीमित रहता है, पर बीच-बीच में कभी यह कोना और कभी वह कोना साथ आलोकित हो उठता है।

पूर्वार्द्ध

का.सू.वा. : *(कुछ अन्तर्मुख से सिगार की राख झाड़ता)* फिर एक बार, फिर से वही शुरुआत...।

जैसे कोशिश से अपने को एक दायित्व के लिए तैयार करके सोफ़े से उठ पड़ता है।

मैं नहीं जानता, आप क्या समझ रहे हैं, मैं कौन हूँ, और क्या आशा कर रहे हैं, मैं क्या कहने जा रहा हूँ। आप शायद सोचते हों कि मैं इस नाटक में कोई एक निश्चित इकाई हूँ—अभिनेता, प्रस्तुतकर्ता, व्यवस्थापक या कुछ और; परन्तु मैं अपने सम्बन्ध में निश्चित रूप से कुछ भी नहीं कह सकता—उसी तरह जैसे इस नाटक के सम्बन्ध में नहीं कह सकता। क्योंकि यह नाटक भी अपने में मेरी ही तरह अनिश्चित है। अनिश्चित होने का कारण यह है कि...परन्तु कारण की बात करना बेकार है। कारण हर चीज़ का कुछ-न-कुछ होता है, हालाँकि यह आवश्यक नहीं कि जो कारण दिया जाए, वास्तविक कारण वही हो। और जब मैं अपने ही सम्बन्ध में निश्चित नहीं हूँ, तो और किसी चीज़ के कारण-अकारण के सम्बन्ध में निश्चित कैसे हो सकता हूँ ?

सिगार के कश खींचता पल-भर सोचता-सा खड़ा रहता है।

मैं वास्तव में कौन हूँ ?—यह एक ऐसा सवाल है जिसका सामना करना इधर आकर मैंने छोड़ दिया है जो मैं इस मंच पर हूँ, वह यहाँ से बाहर नहीं हूँ, और जो बाहर हूँ...ख़ैर, इसमें आपकी क्या दिलचस्पी हो सकती है कि मैं यहाँ से बाहर क्या हूँ ? शायद अपने बारे में इतना कह

देना ही काफी है कि सड़क के फुटपाथ पर चलते आप अचानक जिस आदमी से टकरा जाते हैं, वह आदमी मैं हूँ। आप सिर्फ घूरकर मुझे देख लेते हैं—इसके अलावा मुझसे कोई मतलब नहीं रखते कि मैं कहाँ रहता हूँ, क्या काम करता हूँ, किस-किससे मिलता हूँ और किन-किन परिस्थितियों में जीता हूँ। आप मतलब नहीं रखते क्योंकि मैं भी आपसे मतलब नहीं रखता, और टकराने के क्षण में आप मेरे लिए वही होते हैं जो मैं आपके लिए होता हूँ। इसलिए जहाँ इस समय मैं खड़ा हूँ, वहाँ मेरी जगह आप भी हो सकते थे। दो टकरानेवाले व्यक्ति होने के नाते आपमें और मुझमें, बहुत बड़ी समानता है। यही समानता आपमें और उसमें, उसमें और उस दूसरे में, उस दूसरे में और मुझमें...बहरहाल इस गणित की पहेली में कुछ नहीं रखा है। बात इतनी है कि विभाजित होकर मैं किसी-न-किसी अंश में आपमें से हर-एक व्यक्ति हूँ और यही कारण है कि नाटक के बाहर हो या अन्दर, मेरी कोई भी एक निश्चित भूमिका नहीं है।

कमरे के एक हिस्से से दूसरे हिस्से में टहलने लगता है।

मैंने कहा था, यह नाटक भी मेरी ही तरह अनिश्चित है। उसका कारण भी यही है कि मैं इसमें हूँ और मेरे होने से ही सबकुछ इसमें निर्धारित या अनिर्धारित है एक विशेष परिवार, उसकी विशेष परिस्थितियाँ! परिवार दूसरा होने से परिस्थितियाँ बदल जातीं, मैं वही रहता। इसी तरह सब कुछ निर्धारित करता। इस परिवार की स्त्री के स्थान पर कोई दूसरी स्त्री किसी दूसरी तरह से मुझे झेलती—या वह स्त्री मेरी भूमिका ले लेती और मैं उसकी भूमिका लेकर उसे झेलता। नाटक अन्त तक फिर भी इतना ही अनिश्चित बना रहता और यह निर्णय करना इतना ही कठिन होता कि इसमें मुख्य भूमिका

किसकी थी—मेरी, उस स्त्री की, परिस्थितियों की, या तीनों के बीच से उठते कुछ सवालों की।

फिर दर्शकों के सामने आकर खड़ा हो जाता है। सिगार मुँह में लिए पल-भर ऊपर की तरफ़ देखता रहता है। फिर 'हँह' के स्वर के साथ सिगार मुँह से निकालकर उसकी राख झाड़ता है।

पर हो सकता है, मैं एक अनिश्चित नाटक में एक अनिश्चित पात्र होने की सफाई-भर पेश कर रहा हूँ। हो सकता है, यह नाटक एक निश्चित रूप ले सकता हो—किन्हीं पात्रों को निकाल देने से, दो-एक पात्र और जोड़ देने से, कुछ भूमिकाएँ बदल देने से, कुछ पंक्तियाँ हटा देने से, कुछ पंक्तियाँ बढ़ा देने से, या परिस्थितियों में थोड़ा हेर-फेर कर देने से। हो सकता है, आप पूरा देखने के बाद, या उससे पहले ही, कुछ सुझाव दे सकें इस सम्बन्ध में। इस अनिश्चित पात्र से आपकी भेंट इस बीच कई बार होगी...।

हलके अभिवादन के रूप में सिर हिलाता है जिसके साथ ही उसकी आकृति धीरे-धीरे धुँधलाकर अँधेरे में गुम हो जाती है। उसके बाद कमरे के अलग-अलग कोने एक-एक करके आलोकित होते हैं और एक आलोक व्यवस्था में मिल जाते हैं। कमरा ख़ाली है। तिपाई पर खुला हुआ हाई स्कूल का बैग पड़ा है जिसमें आधी कापियाँ और किताबें बाहर बिखरी हैं। सोफ़े पर दो-एक पुराने मैगज़ीन, एक कैंची और कुछ कटी-अधकटी तस्वीरें रखी हैं। एक कुर्सी की पीठ पर उतरा हुआ पाजामा झूल रहा है। स्त्री कई-कुछ सँभाले बाहर से आती हैं कई-कुछ में कुछ घर का है, कुछ दफ़्तर का, कुछ अपना। चेहरे पर दिन-भर के काम की थकान है और इतनी चीज़ों के साथ चलकर आने की

उलझन। आकर सामान कुर्सी पर रखती हुई वह पूरे कमरे पर एक नजर डाल लेती है।

स्त्री : *(थकान निकालने के स्वर में)* ओहहोहहोहहोहहोह ! *(कुछ हताश भाव से)* फिर घर में कोई नहीं। *(अन्दर के दरवाज़े की तरफ़ देखकर)* किन्नी !...होगी ही नहीं, जवाब कहाँ से दे ? *(तिपाई पर पड़े बैग को देखकर)* यह हाल है इसका ! *(बैग की एक किताब उठाकर)* फिर फाड़ लाई एक और किताब ! ज़रा शरम नहीं कि रोज़-रोज़ कहाँ से पैसे आ सकते हैं नई किताबों के लिए ! *(सोफे के पास आकर)* और अशोक बाबू यह कमाई करते रहे हैं दिन-भर ! *(तस्वीर उठाकर देखती)* एलिज़ाबेथ टेलर...आड्रेहेबर्न...शर्ले मैक्लेन ! ज़िन्दगी काट रहे हैं इन तस्वीरों के साथ !

तस्वीरें वापस रखकर बैठने लगती है कि नज़र झूलते पाजामे पर जा पड़ती है।

(उस तरफ़ जाती) बड़े साहब वहाँ अपनी कारगुज़ारी कर गए हैं।

पाजामे को मरे जानवर की तरह उठाकर देखती है और कोने में फेंकने को होकर फिर एक झटके के साथ उसे तहाने लगती है।

दिन-भर घर पर रहकर आदमी और कुछ नहीं, तो अपने कपड़े तो ठिकाने पर रख ही सकता है।

पाजामे कबर्ड में रखने से पहले डाइनिंग टेबल पर पड़े चाय के सामान को देखकर और खीज जाती है, पाजामे को कुर्सी पर पटक देती है और प्यालियाँ वगैरह ट्रे में रखने लगती है।

इतना तक नहीं कि चाय पी है, तो बर्तन रसोईघर में छोड़ आएँ। मैं ही आकर उठाऊँ, तो उठाऊँ...।

ट्रे उठाकर अहाते के दरवाज़े की तरफ़ बढ़ती ही है कि पुरुष-एक उधर से आ जाता है। स्त्री

ठिठककर सीधे उसकी आँखों में देखती है, पर वह उससे आँखें बचाता पास से निकलकर थोड़ा आगे आ जाता है।

पुरुष-एक : आ गईं दफ़्तर से ? लगता है, आज बस जल्दी मिल गई।

स्त्री : *(ट्रे वापस मेज़ पर रखती)* यह अच्छा है कि दफ़्तर से आओ, तो कोई घर पर दिखे ही नहीं। कहाँ चले गए थे तुम ?

पुरुष-एक : कहीं नहीं। यहीं बाहर था। मार्केट में।

स्त्री : *(उसका पाजामा हाथ में लेकर)* पता नहीं यह क्या तरीका है इस घर का ? रोज़ आने पर पचास चीज़ें यहाँ-वहाँ बिखरी मिलती हैं।

पुरुष-एक : *(हाथ बढ़ाकर)* लाओ, मुझे दे दो।

स्त्री : *(पाजामे को झाड़कर फिर से तहाती हुई)* अब क्या दे दूँ ! पहले खुद भी तो देख सकते थे।

गुस्से में कबर्ड खोलकर पाजामे को जैसे उसमें कैद कर देती है। पुरुष-एक फालतू-सा इधर-उधर देखता है, फिर एक कुर्सी की पीठ पर हाथ रख लेता है।

(कबर्ड के पास आकर ट्रे उठाती) चाय किस-किसने पी थी ?

पुरुष-एक : *(अपराधी स्वर में)* अकेले मैंने।

स्त्री : तो अकेले के लिए क्या ज़रूरी था कि पूरी ट्रे की ट्रे...किन्नी को दूध दे दिया था ?

पुरुष-एक : वह मुझे दिखी ही नहीं अब तक।

स्त्री : *(ट्रे लेकर चलती है)* दिखे तब न जो घर पर रहे कोई।

अहाते के दरवाज़े से होकर पीछे रसोईघर में चली जाती है। पुरुष-एक लम्बी 'हूँ' के साथ कुर्सी को झुलाने लगता है। स्त्री पल्ले से हाथ पोंछती रसोईघर से वापस आती है।

पुरुष-एक : मैं बस थोड़ी देर के लिए ही निकला था बाहर।

स्त्री : *(और चीज़ों को समेटने में व्यस्त)* मुझे क्या पता कितनी देर के लिए निकले थे।...वह आज फिर आएगा अभी थोड़ी देर में। तब तो घर पर रहोगे तुम ?

पुरुष-एक : *(हाथ रोककर)* कौन आएगा ? सिंघानिया ?

स्त्री : उसे किसी के यहाँ खाना खाने आना है इधर। पाँच मिनट के लिए यहाँ भी आएगा।

पुरुष-एक फिर उसी तरह 'हूँ' के साथ कुर्सी को झुलाने लगता है।

मुझे यह आदत अच्छी नहीं लगती तुम्हारी। कितनी बार कह चुकी हूँ।

पुरुष-एक कुर्सी से हाथ हटा लेता है।

पुरुष-एक : तुम्हीं ने कहा होगा उससे आने के लिए।

स्त्री : कहना फर्ज़ नहीं बनता मेरा ? आख़िर मेरा बॉस है।

पुरुष-एक : बॉस का मतलब यह थोड़े ही है न कि... ?

स्त्री : तुम ज़्यादा जानते हो ? काम तो मैं ही करती हूँ उसके मातहत।

पुरुष-एक फिर से कुर्सी को झुलाने को होकर एकाएक हाथ हटा लेता है।

पुरुष-एक : किस वक़्त आएगा ?

स्त्री : पता नहीं। जब भी गुज़रेगा इधर से।

पुरुष-एक : *(छिले हुए स्वर में)* यह अच्छा है...।

स्त्री : लोगों को तो ईर्ष्या है मुझसे, कि दो बार मेरे यहाँ आ चुका है। आज तीसरी बार आएगा।

कैंची, मैगज़ीन और तस्वीरें समेटकर पढ़ने की मेज की दराज़ में रख देती है। किताबें बैग में बन्द करके उसे एक तरफ सीधा खड़ा कर देती है।

पुरुष-एक : तो लोगों को भी पता है वह आता है यहाँ ?

स्त्री : *(एक तीखी नज़र उस पर डालकर)* क्यों, बुरी बात है ?

पुरुष-एक : मैंने कहा है बुरी बात है ? मैं तो बल्कि कहता हूँ, अच्छी

बात है।

स्त्री : तुम जो कहते हो, उसका सब मतलब समझ में आता है मेरी।

पुरुष-एक : तो अच्छा यही है कि मैं कुछ न कहकर चुप रहा करूँ। अगर चुप रहता हूँ, तो...।

स्त्री : तुम चुप रहते हो। और न कोई।

अपनी चीज़ें कुर्सी से उठाकर उन्हें यथास्थान रखने लगती है।

पुरुष-एक : पहले जब-जब आया है वह, मैंने कुछ कहा है तुमसे ?

स्त्री : अपनी शरम के मारे ! कि दोनों बार तुम घर पर नहीं रहे।

पुरुष-एक : उसमें क्या है ! आदमी को काम नहीं हो सकता बाहर ?

स्त्री : *(व्यस्त)* वह तो आज भी हो जाएगा तुम्हें।

पुरुष-एक : *(ओछा पड़कर)* जाना तो है आज भी मुझे...पर तुम ज़रूरी समझो मेरा यहाँ रहना, तो...।

स्त्री : मेरे लिए रुकने की ज़रूरत नहीं। *(यह देखती कि कमरे में और कुछ तो करने को शेष नहीं)* तुम्हें और प्याली चाहिए चाय की ? मैं बना रही हूँ अपने लिए।

पुरुष-एक : बना रही हो तो बना लेना एक मेरे लिए भी।

स्त्री अहाते के दरवाज़े की तरफ जाने लगती है।

सुनो।

स्त्री रुककर उसकी तरफ देखती है।

उसका क्या हुआ...वह जो हड़ताल होनेवाली थी तुम्हारे दफ़्तर में ?

स्त्री : जब होगी पता चल ही जाएगा तुम्हें।

पुरुष-एक : पर होगी भी ?

स्त्री : तुम उसी के इन्तज़ार में हो क्या ?

चली जाती है। पुरुष-एक सिर हिलाकर इधर-उधर देखता है कि अब वह अपने को कैसे व्यस्त रख सकता है। फिर जैसे याद हो आने से शाम का

अख़बार जेब से निकालकर खोल लेता है। हर सुर्ख़ी पढ़ने के साथ उसके चेहरे का भाव और तरह का हो जाता है– उत्साहपूर्ण, व्यंग्यपूर्ण, तनाव-भरा या पस्त। साथ मुँह से 'बहुत अच्छे !', 'मार दिया', 'लो' और 'अब ?' जैसे शब्द निकल पड़ते हैं। स्त्री रसोईघर से लौटकर आती है।

पुरुष-एक : *(अख़बार हटाकर स्त्री को देखता)* हड़तालें तो आजकल सभी जगह हो रही हैं। इसमें देखो...।

स्त्री : *(उस ओर से विरक्त)* तुम्हें सचमुच कहीं जाना है क्या ? कहाँ जाने की बात कर रहे थे तुम ?

पुरुष-एक : सोच रहा था, जुनेजा के यहाँ हो आता।

स्त्री : ओऽऽ जुनेजा के यहाँ !...हो आओ।

पुरुष-एक : फिलहाल उसे देने के लिए पैसा नहीं है, तो कम-से-कम मुँह तो उसे दिखाते रहना चाहिए।

स्त्री : हाँऽऽ, दिखा आओ मुँह जाकर।

पुरुष-एक : वह छह महीने बाहर रहकर आया है। हो सकता है, कोई नया कारोबार चलाने की सोच रहा हो जिसमें मेरे लिए...

स्त्री : तुम्हारे लिए तो पता नहीं क्या-क्या करेगा वह ज़िन्दगी में ! पहले ही कुछ कम नहीं किया है।

झाड़न लेकर कुर्सियों वगैरह को झाड़ना शुरू कर देती है।

इतनी गर्द भरी रहती है हर वक़्त इस घर में ! पता नहीं कहाँ से चली आती है !

पुरुष-एक : तुम नाहक कोसती रहती हो उस आदमी को। उसने तो अपनी तरफ से हमेशा मेरी मदद ही की है।

स्त्री : न करता मदद, तो उतना नुकसान तो न होता जितना उसके मदद करने से हुआ है।

पुरुष-एक : *(कुढ़कर सोफे पर बैठता)* तो नहीं जाता मैं ! अपने अकेले के लिए जाना है मुझे ! अब तक तकदीर ने साथ

नहीं दिया तो इसका यह मतलब तो नहीं कि...

स्त्री : यहाँ से उठ जाओ। मुझे झाड़ लेने दो ज़रा।

पुरुष-एक उठकर फिर बैठने की प्रतीक्षा में खड़ा रहता है।

उस कुर्सी पर चले जाओ। वह साफ हो गई है।

पुरुष-एक गाली देती नज़र से उसे देखकर उस कुर्सी पर जा बैठता है।

(बड़बड़ाती) पहली बार प्रेस में जो हुआ सो हुआ। दूसरी बार फिर क्या हो गया ? वही पैसा जुनेजा ने लगाया, वही तुमने लगाया। एक ही फैक्टरी लगी, एक ही जगह जमा-खर्च हुआ। फिर भी तक़दीर ने उसका साथ दे दिया, तुम्हारा नहीं दिया।

पुरुष-एक : *(गुस्से से उठता है)* तुम तो ऐसी बात करती हो जैसे...

स्त्री : खड़े क्यों हो गए ?

पुरुष-एक : क्यों, मैं खड़ा नहीं हो सकता ?

स्त्री : *(हलका वक्फ़ा लेकर तिरस्कारपूर्ण स्वर में)* हो तो सकते हो, पर घर के अन्दर ही।

पुरुष-एक : *(किसी तरह गुस्सा निगलता)* मेरी जगह तुम हिस्सेदार होतीं न फैक्टरी की, तो तुम्हें पता चल जाता कि...

स्त्री : पता तो मुझे अब भी चल रहा है। नहीं चल रहा ?

पुरुष-एक : *(बड़बड़ाता)* उन दिनों पैसा लिया कितना था फैक्टरी से ! जो कुछ लगाया था, यह सारा तो शुरू में ही निकाल-निकालकर खा लिया और...

स्त्री : किसने खा लिया ? मैंने ?

पुरुष-एक : नहीं, मैंने ! पता है कितना खर्च था उन दिनों इस घर का ? चार सौ रुपये महीने का मकान था। टैक्सियों में आना-जाना होता था। किस्तों पर फ्रिज ख़रीदा गया था। लड़के-लड़की की कान्वेंट की फीसें जाती थीं...।

स्त्री : शराब आती थी। दावतें उड़ती थीं। उन सब पर पैसा

तो खर्च होता ही था।

पुरुष-एक : तुम लड़ना चाहती हो ?

स्त्री : तुम लड़ भी सकते हो इस वक़्त, ताकि उसी बहाने चले जाओ घर से।...वह आदमी आएगा, तो जाने क्या सोचेगा कि क्यों हर बार इसके आदमी को कोई-न-कोई काम हो जाता है बाहर। शायद समझे कि मैं ही जान-बूझकर भेज देती हूँ।

पुरुष-एक : वह मुझसे तय करके तो आता नहीं कि मैं उसके लिए मौजूद रहा करूँ घर पर।

स्त्री : कह दूँगी, आगे से तय करके आया करे तुमसे। तुम इतने बिज़ी आदमी जो हो। पता नहीं कब किस बोर्ड की मीटिंग में जाना पड़ जाए।

पुरुष-एक : *(कुछ धीमा पड़कर, पराजित भाव से)* तुम तो बस... आमादा ही रहती हो हर वक्त्।

स्त्री : अब जुनेजा आ गया है न लौटकर, तो रहा करना फिर तीन-तीन दिन घर से ग़ायब।

पुरुष-एक : *(पूरी शक्ति समेटकर सामना करता)* तुम फिर से वही बात उठाना चाहती हो ? अगर रहा भी हूँ कभी मैं तीन दिन घर से बाहर, तो आख़िर किस वजह से ?

स्त्री : वजह का पता तुम्हें होगा या तुम्हारे लड़के को। वह भी तीन-तीन दिन दिखाई नहीं देता घर पर।

पुरुष-एक : तुम मेरा मुकाबला उससे करती हो ?

स्त्री : नहीं, उसका मुकाबला तुमसे करती हूँ। जिस तरह तुमने ख्वार की अपनी ज़िन्दगी, उसी तरह वह भी...

पुरुष-एक : और लड़की तुम्हारी ? उसने अपनी ज़िन्दगी ख्वार करने की सीख किससे ली है ? *(अपने जाने भारी पड़ता)* मैंने तो कभी किसी के साथ घर से भागने की बात नहीं सोची थी।

स्त्री : *(एकटक उसकी आँखों में देखती)* तुम कहना क्या चाहते हो ?

पुरुष-एक : कहना क्या है...जाकर चाय बना लो, पानी हो गया होगा।

सोफ़े पर बैठकर फिर अख़बार खोल लेता है, पर ध्यान पढ़ने में लगा नहीं पाता।

स्त्री : मुझे भी पता है, पानी हो गया होगा। मैं जब भी किसी को बुलाती हूँ यहाँ, मुझे पता होता है तुम यही सब बातें करोगे।

पुरुष-एक : *(जैसे अख़बार में कुछ पढ़ता हुआ)* हूँ-हूँ-हूँ-हूँ।

स्त्री : वैसे हज़ार बार कहोगे कि लड़के की नौकरी के लिए किसी से बात क्यों नहीं करतीं। और जब मैं मौका निकालती हूँ उसके लिए, तो...

पुरुष-एक : हाँऽऽ, सिंघानिया तो लगवा ही देगा ज़रूर। इसीलिए बेचारा आता है यहाँ चलकर।

स्त्री : शुक्र नहीं मानते कि इतना बड़ा आदमी, सिर्फ़ एक बार कहने-भर से...

पुरुष-एक : मैं नहीं शुक्र मनाता ? जब-जब किसी नए आदमी का आना-जाना शुरू होता है यहाँ, मैं हमेशा शुक्र मानता हूँ। पहले जगमोहन आया करता था। फिर मनोज आने लगा था...।

स्त्री : *(स्थिर दृष्टि से उसे देखती)* और क्या-क्या बात रह गई है कहने को बाकी ? वह भी कह डालो जल्दी से।

पुरुष-एक : क्यों...जगमोहन का नाम मेरी ज़बान पर आया नहीं कि तुम्हारे हवास गुम होने शुरू हुए ?

स्त्री : *(गहरी वितृष्णा के साथ)* जितने नाशुक्रे आदमी तुम हो, उससे तो मन करता है कि आज ही मैं...

कहती हुई अहाते के दरवाज़े की तरफ मुड़ती ही है कि बाहर से बड़ी लड़की की आवाज़ सुनाई देती है।

बड़ी लड़की : ममा !

स्त्री रुककर उस तरफ देखती है। चेहरा कुछ फीका पड़

जाता है।

स्त्री : बिन्नी आई है बाहर।

पुरुष-एक न चाहते मन से अख़बार लपेटकर उठ खड़ा होता है।

पुरुष-एक : फिर उसी तरह आई होगी।

स्त्री : जाकर देख लोगे क्या चाहिए उसे ?

बड़ी लड़की की आवाज़ फिर सुनाई देती है।

बड़ी लड़की : ममा, टूटे पचास पैसे देना ज़रा।

पुरुष-एक किसी अनचाही स्थिति का सामना करने की तरह बाहर के दरवाज़े की तरफ़ बढ़ता है।

स्त्री : पचास पैसे हैं न तुम्हारी जेब में ? होंगे तो सही दूध के पैसों में से बचे हुए।

पुरुष-एक : मैंने सिर्फ पाँच पैसे ख़र्च किए हैं अपने पर—इस अख़बार के।

बाहर निकल जाता है। स्त्री पल-भर उधर देखती रहकर अहाते के दरवाज़े से रसोईघर में चली जाती है। बड़ी लड़की बाहर से आती है। पुरुष-एक उसके पीछे-पीछे आकर इस तरह कमरे में नज़र दौड़ाता है जैसे स्त्री के उस समय कमरे में न होने से वह अपने को ग़लत जगह पर अकेला पा रहा हो।

पुरुष-एक : *(अपने अटपने को ढँक पाने में असमर्थ, बड़ी लड़की से)* बैठ तू।

बड़ी लड़की : ममा कहाँ है ?

पुरुष-एक : उधर होगी रसोईघर में।

बड़ी लड़की : *(पुकारकर)* ममा !

स्त्री दोनों हाथों में चाय की प्यालियाँ लिए अहाते के दरवाज़े से आती है।

स्त्री : क्या हाल हैं तेरे ?

बड़ी लड़की : ठीक हैं।

पुरुष-एक स्त्री को हाथों के इशारे से बतलाने की कोशिश करता है कि वह अपने साथ सामान कुछ भी नहीं लाई।

स्त्री : चाय लेगी ?

बड़ी लड़की : अभी नहीं, पहले हाथ-मुँह धो लूँ गुसलखाने में जाकर। सारा जिस्म इस तरह चिपचिपा रहा है कि बस...।

स्त्री : तेरी आँखें ऐसी क्यों हो रही हैं ?

बड़ी लड़की : कैसी हो रही हैं ?

स्त्री : पता नहीं कैसी हो रही हैं !

बड़ी लड़की : तुम्हें ऐसे ही लग रहा है। मैं अभी आती हूँ हाथ-मुँह धोकर।

अहाते के दरवाज़े से चली जाती है। पुरुष-एक अर्थपूर्ण दृष्टि से स्त्री को देखता उसके पास जाता है।

पुरुष-एक : मुझे तो यह उसी तरह आई लगती है।

स्त्री चाय की प्याली उसकी तरफ बढ़ा देती है।

स्त्री : चाय ले लो।

पुरुष-एक : *(चाय लेकर)* इस बार कुछ सामान भी नहीं है साथ में।

स्त्री : हो सकता है। थोड़ी देर के लिए आई हो।

पुरुष-एक : पर्स में सिर्फ एक ही रुपया था। स्कूटर-रिक्शा का पूरा किराया भी नहीं।

स्त्री : क्या पता कहीं और से आ रही हो !

पुरुष-एक : तुम हमेशा बात को ढँकने की कोशिश क्यों करती हो ? एक बार इससे पूछती क्यों नहीं खुलकर ?

स्त्री : क्या पूछूँ ?

पुरुष-एक : यह मैं बताऊँगा तुम्हें ?

स्त्री चाय के घूँट भरती एक कुर्सी पर बैठ जाती है।

(पल-भर उत्तर की प्रतीक्षा करने के बाद) मेरी उस आदमी के बारे में कभी अच्छी राय नहीं थी। तुम्हीं ने

हवा बाँध रखी थी कि मनोज यह है, वह है—जाने क्या है ! तुम्हारी शह से उसका घर में आना-जाना न होता, तो क्या यह नौबत आती कि लड़की उसके साथ जाकर बाद में इस तरह... ?

स्त्री : *(तंग पड़कर)* तो तुम खुद ही क्यों नहीं पूछ लेते उससे जो पूछना चाहते हो ?

पुरुष-एक : मैं कैसे पूछ सकता हूँ ?

स्त्री : क्यों नहीं पूछ सकते ?

पुरुष-एक : मेरा पूछना इसलिए ग़लत है कि...

स्त्री : तुम्हारा कुछ भी करना किसी-न-किसी वजह से ग़लत होता है। मुझे पता नहीं है ?

बड़े-बड़े घूँट भरकर चाय की प्याली खाली कर देती है।

पुरुष-एक : तुम्हें सब पता है ! अगर सब-कुछ मेरे करने से होता इस घर में...

स्त्री : *(उठती हुई)* तो पता नहीं और क्या बर्बादी हुई होती। जो दो रोटी आज मिल जाती हैं मेरी नौकरी से, वह भी न मिल पातीं। लड़की भी घर में रहकर ही बुढ़ा जाती, पर यह न सोचा होता किसी ने कि...

पुरुष-एक : *(अहाते के दरवाज़े की तरफ संकेत करके)* वह आ रही है।

जल्दी-जल्दी अपनी प्याली खाली करके स्त्री को दे देता है। बड़ी लड़की पहले से काफी सँभली हुई वापस आती है।

बड़ी लड़की : *(आती हुई)* ठंडे पानी के छींटे मुँह पर मारे, तो कुछ होश आया। आजकल के दिनों में तो बस...*(उन दोनों को स्थिर दृष्टि से अपनी ओर देखते पाकर)* क्या बात है, ममा ? आप लोग इस तरह क्यों देख रहे हैं मुझे ?

स्त्री : मैं प्यालियाँ रखकर आ रही हूँ अन्दर से।

अहाते के दरवाज़े से चली जाती है। पुरुष-एक

भी आँखें हटाकर व्यस्त होने का बहाना खोजता है।

बड़ी लड़की : क्या बात है डैडी ?

पुरुष-एक : बात ?...बात कुछ भी नहीं।

बड़ी लड़की : *(कमज़ोर पड़ती)* है तो सही कुछ-न-कुछ बात।

पुरुष-एक : ऐसे ही तेरी ममा अभी कुछ कह रही थी...

बड़ी लड़की : क्या कह रही थीं ?

पुरुष-एक : मतलब वह नहीं, मैं कह रहा था उससे...।

बड़ी लड़की : क्या कह रहे थे ?

पुरुष-एक : तेरे बारे में बात कर रहा था।

बड़ी लड़की : क्या बात कर रहे थे ?

स्त्री लौटकर आ जाती है।

पुरुष-एक : वह आ गई है, खुद ही बता देगी तुझे।

जैसे अपने को स्थिति से बाहर रखने के लिए थोड़ा परे चला जाता है।

बड़ी लड़की : *(स्त्री से)* डैडी मेरे बारे में क्या बात कर रहे थे, ममा ?

स्त्री : उन्हीं से क्यों नहीं पूछती ?

बड़ी लड़की : वे कहते हैं तुम बतलाओगी और तुम कहती हो उन्हीं से क्यों नहीं पूछती !

स्त्री : तेरे डैडी तुमसे यह जानना चाहते हैं कि..

पुरुष-एक : *(बीच में ही)* अगर तुम अपनी तरफ से नहीं जानना चाहतीं तो रहने दो बात को।

बड़ी लड़की : पर बात ऐसी है क्या जानने की ?

स्त्री : बात सिर्फ इतनी है कि जिस तरह से तू आजकल आती है वहाँ से, उससे इन्हें कहीं लगता है कि...

पुरुष-एक : तुम्हें जैसे नहीं लगता।

बड़ी लड़की : *(जैसे कठघरे में खड़ी)* क्या लगता है ?

स्त्री : कि कुछ है जो तू अपने मन में छिपाए रखती है, हमें नहीं बतलाती।

बड़ी लड़की : मेरी किस बात से लगता है ऐसा ?

स्त्री : *(पुरुष-एक से)* अब कहो न इसके सामने वह सब, जो मुझसे कह रहे थे।

पुरुष-एक : तुमने शुरू की है बात, तुम्हीं पूरा कर डालो अब।

स्त्री : *(बड़ी लड़की से)* मैं तुझसे एक सीधा सवाल पूछ सकती हूँ ?

बड़ी लड़की : ज़रूर पूछ सकती हो।

स्त्री : तू खुश है वहाँ पर ?

बड़ी लड़की : *(बचते स्वर में)* हाँऽऽ, बहुत खुश हूँ।

स्त्री : सचमुच खुश है ?

बड़ी लड़की : और क्या ऐसे ही कह रही हूँ ?

पुरुष-एक : *(बिलकुल दूसरी तरफ मुँह किए)* यह तो कोई जवाब नहीं है।

बड़ी लड़की : *(तुनककर)* तो जवाब क्या तभी होता अगर मैं कहती कि मैं खुश नहीं हूँ, बहुत दुखी हूँ ?

पुरुष-एक : आदमी जो जवाब दे, वह उसके चेहरे से भी तो झलकना चाहिए।

बड़ी लड़की : मेरे चेहरे से क्या झलकता है ? कि मुझे तपेदिक हो गया है ? मैं घुल-घुलकर मरी जा रही हूँ ?

पुरुष-एक : एक तपेदिक ही होता है बस आदमी को ?

बड़ी लड़की : तो और क्या-क्या होता है ? आँख से दिखाई देना बन्द हो जाता है ? नाक-कान तिरछे हो जाते हैं ? होंठ झड़कर गिर जाते हैं ? मेरे चेहरे से ऐसा क्या नज़र आता है आपको ?

पुरुष-एक : *(कुढ़कर लौटता)* तेरी माँ ने तुझसे पूछा है, तू उसी से बात कर। मैं इस मारे कभी पड़ता ही नहीं इन चीज़ों में।

सोफे पर जाकर अख़बार खोल लेता है। पर पलभर बाद ध्यान हो आने से कि वह उसने उल्टा पकड़ रखा है, उसे सीधा कर लेता है।

स्त्री : *(बड़ी लड़की से)* अच्छा, छोड़ अब इस बात को। आगे

से यह सवाल मैं नहीं पूछूँगी तुझसे।

बड़ी लड़की की आँखें छलछला आती हैं।

बड़ी लड़की : पूछने में रखा भी क्या है, ममा ! ज़िन्दगी किसी तरह कटती ही चलती है हर आदमी की।

पुरुष-एक : *(अख़बार का पन्ना उलटता)* यह हुआ कुछ जवाब !

स्त्री : *(पुरुष-एक से)* तुम चुप नहीं रह सकते थोड़ी देर ?

पुरुष-एक : मैं क्या कह रहा हूँ ? चुप ही बैठा हूँ यहाँ। *(अख़बार में पढ़ता)* नाले का बाँध पूरा करने के लिए बारह साल के लड़के की बलि *(अख़बार से बाहर)* आप चाहे जो कह लें, मेरे मुँह से एक लफ्ज़ भी न निकले। *(फिर अख़बार में से)* उदयपुर में मड़ूढा गाँव में बाँध के ठेकेदार का अमानुषिक कृत्य *(अख़बार से बाहर)* हद होती है हर चीज़ की।

स्त्री, बड़ी लड़की के कन्धे पर हाथ रखे उसे पढ़ने की मेज़ के पास ले जाती है।

स्त्री : यहाँ बैठ।

बड़ी लड़की पलकें झपकती वहाँ कुर्सी पर बैठ जाती है।

सच-सच बता, तुझे वहाँ किसी चीज़ की शिकायत है ?

बड़ी लड़की : शिकायत किसी चीज़ की नहीं...।

स्त्री : तो ?

बड़ी लड़की : और हर चीज़ की है।

स्त्री : फिर भी कोई ख़ास बात ?

बड़ी लड़की : ख़ास बात कोई भी नहीं...।

स्त्री : तो ?

बड़ी लड़की : ...और सभी बातें ख़ास हैं।

स्त्री : जैसे ?

बड़ी लड़की : जैसे...सभी बातें।

स्त्री : तो मेरा मतलब है कि... ?

बड़ी लड़की : मेरा मतलब है...कि शादी से पहले मुझे लगता था कि

मनोज को बहुत अच्छी तरह जानती हूँ। पर अब आकर....अब आकर लगने लगा है कि वह जानना बिलकुल जानना नहीं था।

स्त्री : *(बात की गहराई तक जाने की तरह)* हूँ !...तो क्या उसके चरित्र में कुछ ऐसा है जो... ?

बड़ी लड़की : नहीं। उसके चरित्र में ऐसा कुछ नहीं है। इस लिहाज़ से बहुत साफ़ आदमी है वह।

स्त्री : तो फिर क्या उसके स्वभाव में कोई ऐसी बात है जिससे...?

बड़ी लड़की : नहीं स्वभाव उसका हर आदमी जैसा है, बल्कि आम आदमी से ज़्यादा खुशदिल कहना चाहिए उसे।

स्त्री : *(और भी गहराई में जाकर कारण खोजती)* तो फिर ?

बड़ी लड़की : यही तो मैं भी नहीं समझ पाती। पता नहीं कहाँ पर क्या है जो ग़लत है !

स्त्री : उसकी आर्थिक स्थिति ठीक है ?

बड़ी लड़की : ठीक है।

स्त्री : सेहत ?

बड़ी लड़की : बहुत अच्छी है।

पुरुष-एक : *(बिना उधर देखे)* सब-कुछ अच्छा-ही-अच्छा है फिर तो...। शिकायत किस बात की है ?

स्त्री : *(पुरुष-एक से)* तुम बात समझने भी दोगे ? *(बड़ी लड़की से)* जब इनमें से किसी चीज़ की शिकायत नहीं है तुझे, तब या तो कोई बहुत ख़ास वजह होनी चाहिए, या...

बड़ी लड़की : या ?

स्त्री : या...या...मैं अभी नहीं कह सकती।

बड़ी लड़की : वजह सिर्फ वह हवा है जो हम दोनों के बीच से गुज़रती है।

पुरुष-एक : *(उस ओर देखकर)* क्या कहा...हवा ?

बड़ी लड़की : हाँ, हवा।

पुरुष-एक : *(निराश भाव से सिर हिलाकर, मुँह फिर दूसरी तरफ करता)* यह वजह बताई है इसने...हवा !

स्त्री : *(बड़ी लड़की के चेहरे को आँखों से टटोलती)* मैं तेरा मतलब नहीं समझी ?

बड़ी लड़की : *(उठती हुई)* मैं शायद समझा भी नहीं सकती *(अस्थिर भाव से कुछ कदम चलती)* किसी दूसरे को तो क्या, अपने को भी नहीं समझा सकती। *(सहसा रुककर)* ममा, ऐसा भी होता है क्या कि...

स्त्री : कि ?

बड़ी लड़की : कि दो आदमी जितना ज़्यादा साथ रहें, एक हवा में साँस लें, उतना ही ज़्यादा अपने को एक-दूसरे से अजनबी महसूस करें ?

स्त्री : तुम दोनों ऐसा महसूस करते हो ?

बड़ी लड़की : कम-से-कम अपने लिए तो मैं कह ही सकती हूँ।

स्त्री : *(पल-भर उसे देखती रहकर)* तू बैठकर क्यों नहीं बात करती ?

बड़ी लड़की : मैं ठीक हूँ इसी तरह।

स्त्री : तूने जो बात कही है, वह अगर सच है, तो उसके पीछे क्या कोई-न-कोई ऐसी अड़चन नहीं है जो...

बड़ी लड़की : पर कौन-सी अड़चन ?...उसके हाथ में छलक गई चाय की प्याली, या उसके दफ़्तर से लौटने में आधा घंटे की देर—ये छोटी-छोटी बातें अड़चन नहीं होतीं, मगर अड़चन बन जाती हैं। एक गुबार-सा है जो हर वक़्त मेरे अन्दर भरा रहता है और मैं इन्तज़ार में रहती हूँ जैसे कि कब कोई बहाना मिले जिससे उसे बाहर निकाल लूँ। और आख़िर... ?

स्त्री चुपचाप आगे सुनने की प्रतीक्षा करती है।
आख़िर वह सीमा आ जाती है जहाँ पहुँचकर वह निढाल हो जाता है। ऐसे में वह एक ही बात कहता है।

स्त्री : क्या ?

बड़ी लड़की : कि मैं इस घर से ही अपने अन्दर कुछ ऐसी चीज़ लेकर गई हूँ जो किसी भी स्थिति में मुझे स्वाभाविक नहीं रहने देतीं।

स्त्री : *(जैसे किसी ने उसे तमाचा मार दिया हो)* क्या चीज़ ?

बड़ी लड़की : मैं पूछती हूँ क्या चीज़, तो भी उसका एक ही जवाब होता है।

स्त्री : वह क्या ?

बड़ी लड़की : कि इसका पता मुझे अपने अन्दर से, या इस घर के अन्दर से चल सकता है। वह कुछ नहीं बता सकता।

पुरुष-एक : *(फिर उस तरफ मुड़कर)* यह सब कहता है वह ? और क्या-क्या कहता है ?

स्त्री : वह इस वक़्त तुमसे बात नहीं कर रही।

पुरुष-एक : पर बात तो मेरे ही घर की हो रही है।

स्त्री : तुम्हारा घर ! हँह !

पुरुष-एक : तो मेरा घर नहीं है यह ? कह दो नहीं है।

स्त्री : सचमुच तुम अपना घर समझते इसे, तो...

पुरुष-एक : कह दो, कह दो, जो कहना चाहती हो।

स्त्री : दस साल पहले कहना चाहिए था मुझे...जो कहना चाहती हूँ।

पुरुष-एक : कह दो अब भी...इससे पहले कि दस साल ग्यारह साल हो जाएँ।

स्त्री : नहीं होने पाएँगे ग्यारह साल...इसी तरह चलता रहा सब-कुछ तो।

पुरुष-एक : *(एकटक उसे देखता, काट के साथ)* नहीं होने पाएँगे सचमुच ?...काफी अच्छा आदमी है जगमोहन ! और फिर से दिल्ली में उसका ट्रांसफर भी हो गया है। मिला था उस दिन कनॉट प्लेस में। कह रहा था, आएगा किसी दिन मिलने।

बड़ी लड़की : *(धीरज खोकर)* डैडी !

पुरुष-एक : ऐसी क्या बात कही है मैंने ? तारीफ ही की है उस

आदमी की।

स्त्री : खूब करो तारीफ...और भी जिस-जिस की हो सके तुमसे। *(बड़ी लड़की से)* मनोज आज जो तुमसे कहता है यह सब, पहले जब खुद यहाँ आता रहा है, रात-दिन यहाँ रहता रहा है, तब क्या उसे नहीं पता चला कि...

बड़ी लड़की : यह मैं उससे नहीं पूछती।

स्त्री : पर क्यों नहीं पूछती ?

बड़ी लड़की : क्योंकि मुझे कहीं लगता है कि...कैसे बताऊँ, क्या लगता है ? वह जितने विश्वास के साथ यह बात कहता है, उससे...उससे मुझे अपने से एक अजब-सी चिढ़ होने लगती है। मन करता है...मन करता है आसपास की हर चीज़ को तोड़-फोड़ डालूँ। कुछ ऐसा कर डालूँ जिससे...

स्त्री : जिससे ?

बड़ी लड़की : जिससे उसके मन को कड़ी-से-कड़ी चोट पहुँचा सकूँ। उसे मेरे लम्बे बाल अच्छे लगते हैं। इसलिए सोचती हूँ, इन्हें जाकर कटा आऊँ। वह मेरे नौकरी करने के हक में नहीं है। इसलिए चाहती हूँ कहीं भी, कोई भी छोटी-मोटी नौकरी ढूँढ़कर कर लूँ। कुछ भी ऐसी बात जिससे एक बार तो वह अन्दर से तिलमिला उठे। पर कर मैं कुछ भी नहीं पाती और जब नहीं कर पाती, तो खीजकर...

स्त्री : यहाँ चली आती है ?

बड़ी लड़की पल-भर चुप रहकर सिर हिला देती है।

बड़ी लड़की : नहीं।

स्त्री : तो ?

बड़ी लड़की : कई-कई दिनों के लिए अपने को उससे काट लेती हूँ। पर धीरे-धीरे हर चीज़ फिर उसी ढर्रे पर लौट आती है। सब-कुछ फिर उसी तरह होने लगता है जब तक कि

हम...जब तक कि हम नए सिरे से उसी खोह में नहीं पहुँच जाते। मैं यहाँ आती हूँ...यहाँ आती हूँ तो सिर्फ़ इसीलिए कि...

स्त्री : तेरा अपना घर है यह।

बड़ी लड़की : मेरा अपना घर !...हाँ। और मैं आती हूँ कि एक बार फिर खोजने की कोशिश कर देखूँ कि क्या चीज़ है वह इस घर में जिसे लेकर बार बार मुझे हीन किया जाता है। *(लगभग टूटते स्वर में)* तुम बता सकती हो ममा, कि क्या चीज़ है वह ? और कहाँ है वह ? इस घर के खिड़कियों-दरवाज़ों में ? छत में ? दीवारों में ? तुममें ? डैडी में ? किन्नी में ? अशोक में ? कहाँ छिपी है वह मनहूस चीज़ जो वह कहता है मैं इस घर से अपने अन्दर लेकर गई हूँ ? *(स्त्री की दोनों बाँहें हाथ में लेकर)* बताओ ममा, क्या है वह चीज़ ? कहाँ पर है वह इस घर में ?

काफी लम्बा वक़्फा। कुछ देर बड़ी लड़की के हाथ स्त्री की बाँहों पर रुके रहते हैं और दोनों की आँखें मिली रहती हैं। धीरे-धीरे पुरुष-एक की गरदन उनकी तरफ मुड़ती है। तभी स्त्री आहिस्ता से बड़ी लड़की के हाथ अपनी बाँहों से हटा देती है। उसकी आँखें पुरुष-एक से मिलती हैं और वह जैसे उससे कुछ कहने के लिए कुछ कदम उसकी तरफ बढ़ाती है। बड़ी लड़की जैसे अब भी अपने सवाल का जवाब चाहती, अपनी जगह पर रुकी उन दोनों को देखती रहती है। पुरुष-एक स्त्री को अपनी तरफ आते देख आँखें उधर से हटा लेता है और दो-एक पल असमंजस में रहने के बाद अनजाने में ही अख़बार को गोल करके दोनों हाथों से उसकी रस्सी बटने लगता है। स्त्री आधे रास्ते में ही कुछ कहने का विचार छोड़कर पल-भर अपने को सहेजती है। फिर बड़ी लड़की के पास वापस जाकर

हलके से उसके कन्धे को छूती है। बड़ी लड़की पल-भर आँखें मूँदें रहकर अपने आवेग को दबाने का प्रयत्न करती है, फिर स्त्री का हाथ कन्धे से हटाकर एक कुर्सी का सहारा लिए उस पर बैठ जाती है। स्त्री यह समझ में न आने से कि अब उसे क्या करना चाहिए, पल-भर दुविधा में हाथ उलझाए रहती है। उसकी आँखें फिर एक बार पुरुष-एक से मिल जाती हैं और वह जैसे आँखों से ही उसका तिरस्कार कर अपने को एक मोढ़े की स्थिति बदलने में व्यस्त कर लेती है। पुरुष-एक अपनी जगह से उठ पड़ता है। अख़बार की रस्सी अपने हाथों में देखकर अटपटा महसूस करता है और कुछ देर अनिश्चित खड़ा रहने के बाद फिर से बैठकर उस रस्सी के टुकड़े करने लगता है। तभी छोटी लड़की बाहर के दरवाज़े से आती है और उन तीनों को उस तरह देखकर अचानक ठिठक जाती है।

छोटी लड़की : कुछ पता ही नहीं चलता यहाँ तो।

तीनों में से केवल स्त्री उसकी तरफ देख लेती है।

स्त्री : क्या कह रही है तू ?

छोटी लड़की : बताओ, चलता है कुछ पता ? स्कूल से आई, तो घर पर कोई भी नहीं था। और अब आई हूँ, तो तुम भी हो, डैडी भी हैं, बिन्नी-दी भी हैं—पर सबलोग ऐसे चुप हैं जैसे...

स्त्री : *(उसकी तरफ आती)* तू अपना बता कि आते ही चली कहाँ गई थी ?

छोटी लड़की : कहीं भी चली गई थी। घर पर था कोई जिसके पास बैठती यहाँ ?...दूध गरम हुआ है मेरा ?

स्त्री अभी हुआ जाता है।

छोटी लड़की : अभी हुआ जाता है ! स्कूल में भूख लगे तो कोई पैसा

नहीं होता पास में। और घर आने पर घंटा-घंटा दूध ही नहीं होता गरम।

स्त्री : कहा है न तुमसे, अभी हुआ जाता है। *(पुरुष-एक से)* तुम उठ रहे हो या मैं जाऊँ ?

पुरुष-एक अख़बार के टुकड़े को दोनों हाथों में समेटे उठ खड़ा होता है ?

पुरुष-एक : *(कोई कड़वी चीज़ निगलने की तरह)* जा रहा हूँ मैं ही...।

अख़बार के टुकड़े पर इस तरह नज़र डाल लेता है जैसे कि वह कोई बहुत ही महत्त्वपूर्ण दस्तावेज़ था जिसे उसने टुकड़े-टुकड़े कर दिया है।

स्त्री : *(छोटी लड़की से)* तू फिर एक किताब फाड़ लाई है आज ?

पुरुष-एक चलते-चलते रुक जाता है कि इस महत्त्वपूर्ण प्रकरण का निपटारा भी देख ही ले।

छोटी लड़की : अपने आप फट गई, तो मैं क्या करूँ ? आज सिलाई की क्लास में फिर वही हुआ मेरे साथ। मिस ने कहा...

स्त्री : तू मिस की बात बाद में करना। पहले यह बता कि...

छोटी लड़की : रोज़ कहती हो, बाद में करना। आज भी मुझे रीलें लाकर न दीं, तो मैं स्कूल नहीं जाऊँगी कल से। मिस ने सारी क्लास के सामने मुझसे कहा कि...

स्त्री : तू और तेरी मिस ! रोग लगा रखा है जान को !

छोटी लड़की : तो उठा लो न मुझे स्कूल से। जैसे शोकी मारा-मारा फिरता है सारा दिन, मैं भी फिरती रहा करूँगी।

बड़ी लड़की इस बीच काफी अस्थिर महसूस करती छोटी लड़की को देखती है।

बड़ी लड़की : *(अपने को रोक पाने में असमर्थ)* तुझे तमीज़ से बात करना नहीं आता ? बड़ा भाई है वह तेरा।

छोटी लड़की : क्यों...फिरता नहीं वह मारा-मारा सारा दिन ?

बड़ी लड़की : किन्नी !

छोटी लड़की : तुम यहाँ थीं, तो क्या कुछ कहा करती थीं उसके बारे में ? तुम्हारा भी तो बड़ा भाई है। चाहे एक ही साल बड़ा है, है तो बड़ा ही।

बड़ी लड़की : *(स्त्री से)* ममा, तुमने इस लड़की की ज़बान बहुत खोल दी है।

पुरुष-एक : अगर यही बात मैं कह दूँ न इससे...।

स्त्री : पहले जो-जो कहना है, वह कह लो तुम। उसके बाद देख लेना अगर...

पुरुष-एक : *(अहाते के दरवाज़े की तरफ चलता)* कहना क्या है ? कहता ही नहीं कभी। मैं दूध गरम कर रहा हूँ इसका।

दरवाजे से निकल जाता है।

छोटी लड़की : कल मुझे रीलों का डब्बा ज़रूर चाहिए और मिस बैनर्जी ने सब लड़कियों से कहा है आज कि फ़ाउंडर्स-डे पी. टी. के लिए तीन-तीन नए किट...

स्त्री : कितने ?

छोटी लड़की : तीन-तीन। सब लड़कियों को बनवाने हैं। और तुमने कहा था क्लिप और मोज़े इस हफ़्ते ज़रूर आ जाएँगे, आ गए हैं ? कितनी शरम आती है मुझे फटे मोज़े पहनकर स्कूल जाते !

पल-भर की औघड़ खामोशी।

स्त्री : *(जैसे अपने को उस प्रकरण से बचाने की कोशिश में)* अच्छा, देख...स्कूल से आकर तू अपना बैग यहाँ खुला छोड़ गई थी ! मैंने आकर बन्द किया है। पहले इसे अन्दर रखकर आ।

छोटी लड़की : तुमने मेरी बात सुनी है ?

स्त्री : सुन ली है।

छोटी लड़की : तो जवाब क्यों नहीं दिया कुछ ? *(कोने से बैग उठकर झटके से अन्दर को चलती)* मैं कर रही हूँ क्लिप और

मोज़ों की बात और कह रही हैं बैग रखकर आ अन्दर।

चली जाती है। बड़ी लड़की कुर्सी से उठ पड़ती है।

बड़ी लड़की : हम कह पाते थे कभी इतनी बात ? आधी बात भी कह दें इससे, तो रासें इस तरह कस दी जाती थीं कि बस !

स्त्री पल-भर अपने में डूबी खड़ी रहती है।

स्त्री : *(चेष्टा से अपने को सहेजकर)* क्या कहा तूने ?

बड़ी लड़की : मैंने कहा है कि... *(सहसा स्त्री के भाव के प्रति सचेत होकर)* तुम सोच रही थीं कुछ ?

स्त्री : नहीं...सोच नहीं रही थी *(इधर-उधर नज़र डालती)* देख रही थी कि और कुछ समेटने को तो नहीं है। अभी कोई आनेवाला है बाहर से और...।

बड़ी लड़की : कौन आने वाला है ?

पुरुष-एक दूध के गिलास में चीनी हिलाता अहाते के दरवाज़े से आता है।

पुरुष-एक : सिंघानिया। इसका बॉस। वह नया आना शुरू हुआ है आजकल।

गिलास डायनिंग टेबल पर छोड़कर बिना किसी की तरफ देखे वापस चला जाता है। स्त्री कड़ी नज़र से उसे जाते देखती है। बड़ी लड़की स्त्री के पास आ जाती है।

बड़ी लड़की : ममा !

स्त्री की आँखें घूमकर बड़ी लड़की के चेहरे पर अस्थिर होती हैं। कह वह कुछ नहीं पाती।

क्या बात है, ममा !

स्त्री : कुछ नहीं।

बड़ी लड़की : फिर भी ?

स्त्री : कहा है न, कुछ नहीं।

वहाँ से हटकर कबर्ड के पास चली जाती है और उसे खोलकर अन्दर से कोई चीज़ ढूँढ़ने लगती है।

बड़ी लड़की : *(उसके पीछे जाकर)* ममा !

स्त्री कोई उत्तर न देकर कबर्ड में से एक मेज़पोश निकाल लेती और कबर्ड बन्द कर देती है।

तुम तो आदी हो रोज़-रोज़ ऐसी बातें सुनने की। कब तक इन्हें मन पर लाती रहोगी ?

स्त्री उसका वाक्य पूरा होने तक रुकी रहती है फिर जाकर तिपाई का मेज़पोश बदलने लगती है।

(उसकी तरफ आती) एक तुम्हीं करनेवाली हो सब-कुछ इस घर में। अगर तुम्हीं...

स्त्री के बदलते भाव को देखकर बीच में ही रुक जाती है। स्त्री पुराने मेज़पोश को हाथों में लिए एक नज़र उसे देखती है, फिर उमड़ते आवेग को रोकने की कोशिश में चेहरा मेज़पोश से ढँक लेती है।

(काफी धीमे स्वर में) ममा !

स्त्री आहिस्ता से मोढ़े पर बैठती हुई मेज़पोश चेहरे से हटाती है।

स्त्री : *(रुलाई लिए स्वर में)* अब मुझसे नहीं होता, बिन्नी। अब मुझसे नहीं सँभलता।

पुरुष-एक अहाते के दरवाज़े से आता है–दो जले टोस्ट एक प्लेट में लिए। स्त्री के शब्द उसके कानों में पड़ते हैं, पर वह जानबूझकर अपने चेहरे से कोई प्रतिक्रिया व्यक्त नहीं होने देता। प्लेट दूध के गिलास के पास छोड़कर वह किताबों के शेल्फ की तरफ़ चला जाता है और उसके निचले हिस्से में रखी फाइलों में से जैसे कोई ख़ास फाइल ढूँढ़ने लगता है। बड़ी लड़की बात करने से पहले पल-भर को वक़्फ़ा लेकर उसे देखती है।

बड़ी लड़की : *(विशेष रूप से उसी को सुनाती, स्त्री से)* जो तुमसे नहीं सँभलता, वह और किससे सँभल सकता है इस घर

में...जान सकती हूँ ?

पुरुष-एक जैसे एक फ़ाइल की धूल झाड़ने के लिए उसे दो-एक ज़ोर के हाथ लगाकर पीट देता है।

जब से बड़ी हुई हूँ तभी से देख रही हूँ। तुम सब-कुछ सहकर भी रात-दिन अपने को इस घर के लिए हलाक करती रही हो और...

पुरुष-एक अब एक और फाइल को उससे भी तेज़ और ज़्यादा बार पीट देता है।

स्त्री : पर हुआ क्या है उससे ?

न सह पाने की नज़र से पुरुष-एक की तरफ़ देखकर मोढ़े से उठ पड़ती है। पुरुष-एक दोनों फाइलों को ज़ोर-ज़ोर से आपस में टकराता है।

(एकाएक पुरुष-एक की थप-थप से उतावली पड़कर) तुम्हें सारे घर में यह धूल इसी वक़्त फैलानी है क्या ?

पुरुष-एक : जुनेजा की फाइल ढूँढ़ रहा था। नहीं ढूँढ़ता।

जैसे-तैसे फाइलों को उनकी जगह में वापस ठूँसने लगता है। छोटी लड़की पाँव पटकती अन्दर से आती है।

छोटी लड़की : देख लो ममा, यह मुझे फिर तंग कर रहा है।

बड़ी लड़की : *(लगभग डाँटती)* तू चिल्ला क्यों रही है इतना ?

छोटी लड़की : चिल्ला रही हूँ क्योंकि शोकी अन्दर मुझे...

बड़ी लड़की : शोकी-शोकी क्या होता है ? तू अशोक भापाजी नहीं कह सकती ?

छोटी लड़की : अशोक भापाजी ?...वह ?

व्यंग्य के साथ हँसती है।

स्त्री : अशोक अन्दर क्या कर रहा है इस वक़्त ? मैं तो सोचती थी कि वह...

छोटी लड़की : पड़ा सो रहा था अब तक। मैंने जाकर जगा दिया, तो लगा मेरे बाल खींचने।

लड़का अन्दर से आता है। लगता है, दो-तीन दिन

से उसने शेव नहीं की।

लड़का : कौन सो रहा था ? मैं ? बिलकुल झूठ।

बड़ी लड़की : शेव करना छोड़ दिया है क्या तूने ?

लड़का : *(अपने चेहरे को छूता)* फ्रेंचकट रखने की सोच रहा हूँ। कैसी लगेगी मेरे चेहरे पर ?

छोटी लड़की : *(उतावली पड़कर)* मेरी बात सुनी नहीं किसी ने। अन्दर मेरे बाल खींच रहा था और बाहर आकर अपनी फ्रेंचकट बता रहा है।

डायनिंग टेबल से दूध का गिलास लेकर गटगट दूध पी जाती है। पुरुष-एक इस बीच शेल्फ और फाइलों से ही उलझता रहता है। एक फाइल को किसी तरह अन्दर समाता है तो कुछ और फाइलें बाहर को गिर आती हैं, उन्हें सँभालता है, तो पहले की फाइलें पीछे गिर जाती हैं।

स्त्री : *(लड़के के पास आती)* तुझसे एक बात पूछूँ ?

लड़का : पूछो।

स्त्री : इस लड़की की क्या उम्र है ?

लड़का : यही तो मैं तुमसे पूछना चाहता हूँ कि बारह साल की उम्र में यह लड़की... ?

बड़ी लड़की : तेरह साल की उम्र में।

स्त्री : तेरह साल की लड़की कितनी बड़ी होती है ?

लड़का : तेरह साल की लड़की तेरह साल बड़ी होती है और तेरह साल बड़ी ही होनी चाहिए उसे, जबकि यह लड़की...

स्त्री : बच्ची नहीं है अब जो तू इसके बाल खींचता रहे।

छोटी लड़की लड़के की तरफ़ ज़बान निकालती है। पुरुष-एक फाइलों को किसी तरह समेटकर उठ पड़ता है।

लड़का : तब तो सचमुच मुझे ग़लती माननी चाहिए।

स्त्री : ज़रूर माननी चाहिए...।

लड़का : कि मैंने ख़ामख़ाह इसके हाथ से वह किताब छीन ली।

पुरुष-एक : *(अपनी तटस्थता बनाए रखने में असमर्थ, आगे आता)* कौन-सी किताब ?

छोटी लड़की : झूठ बोल रहा है। मैंने कोई किताब नहीं ली इसकी।

टोस्टों वाली प्लेट हाथ में लिए मेज़ पर बैठ जाती है।

पुरुष-एक : *(लड़की के पास पहुँचकर)* कौन-सी किताब ?

लड़का : *(बुश्शर्ट के अन्दर से किताब निकालकर दिखाता)* यह किताब।

छोटी लड़की : झूठ, बिलकुल झूठ। मैंने देखी भी नहीं यह किताब।

लड़का : *(आँखें फाड़कर उसे देखता)* नहीं देखी ?

छोटी लड़की : *(कमज़ोर पड़कर ढीठपन के साथ)* तू तकिए के नीचे रखकर सोए, तो भी कुछ नहीं। मैंने ज़रा निकालकर देख-भर ली, तो...

पुरुष-एक : *(हाथ बढ़ाकर)* मैं देख सकता हूँ ?

लड़का : *(किताब वापस बुश्शर्ट में रखता)* नहीं...आपके देखने की नहीं है। *(स्त्री से)* अब फिर पूछो मुझसे कि इसकी उम्र कितने साल है ?

बड़ी लड़की : क्यों अशोक...यह वही किताब है न कैसानोवा...?

पुरुष-एक : *(ऊँचे स्वर में)* ठहरो *(बारी-बारी से उन सबकी ओर देखता)* पहले मैं यह जान सकता हूँ यहाँ किसी से कि मेरी उम्र कितने साल की है ?

कुछ पलों का व्यवधान, जिसमें सिर्फ छोटी लड़की की मुँह और टाँगें चलती रहती हैं।

स्त्री : ऐसी क्या बात कह दी है किसी ने कि...

पुरुष : *(एक-एक शब्द पर ज़ोर देता)* मैं पूछ रहा हूँ कि मेरी उम्र कितने साल है ? कितने साल है मेरी उम्र ?

स्त्री : *(उठ रही स्थिति के लिए तैयार होकर)* यह तुम्हें पूछकर जानना है क्या ?

पुरुष-एक : हाँ, पूछकर ही जानना है आज। कितने साल हो चुके हैं मुझे ज़िन्दगी का भार ढोते ? उनमें से कितने साल

बीते हैं मेरे इस परिवार की देख-रेख करते ? और उस सबके बाद मैं आज पहुँचा कहाँ हूँ ? यहाँ कि जिसे देखो वही मुझसे उल्टे ढंग से बात करता है ? जिसे देखो, वही मुझसे बदतमीज़ी से पेश आता है ?

लड़का : *(अपनी सफाई देने की कोशिश में)* मैंने तो सिर्फ इसलिए कहा था, डैडी, कि...

पुरुष-एक : हर-एक के पास एक-न-एक वजह होती है। इसने इसलिए कहा था। उसने उसलिए कहा था। मैं जानना चाहता हूँ कि मेरी क्या यही हैसियत है इस घर में कि जो जब जिस वजह से जो भी कह दे मैं चुपचाप सुन लिया करूँ ? हर वक़्त की दुत्कार, हर वक़्त की कोंच, बस यही कमाई है यहाँ मेरी इतने सालों की ?

स्त्री : *(वितृष्णा से उसे देखती)* यह सब किसे सुना रहे हो तुम ?

पुरुष-एक : किसे सुना सकता हूँ ? कोई है जो सुन सकता है ? जिन्हें सुनना चाहिए, वे सब तो एक रबड़-स्टैंप के सिवा कुछ समझते ही नहीं मुझे। सिर्फ ज़रूरत पड़ने पर इस स्टैंप का ठप्पा लगाकर...

स्त्री : यह बहुत बड़ी बात नहीं कह रहे तुम ?

लड़का : *(उसे रोकने की कोशिश में)* ममा... !

स्त्री : मुझे सिर्फ इतना पूछ लेने दे इनसे कि रबड़-स्टैंप के माने क्या होते हैं ? एक अधिकार, एक रुतबा, एक इज़्ज़त— यही न ?

लड़का : *(फिर उसी कोशिश में)* सुनो तो सही, ममा...!

स्त्री : *(बिना किसी तरफ ध्यान दिए)* यह सब कब-कब मिला है इनसे किसी को भी इस घर में ? किस माने में ये कहते हैं कि...?

पुरुष-एक : किसी माने में नहीं। मैं इस घर में एक रबड़-स्टैंप भी नहीं, सिर्फ एक रबड़ का टुकड़ा हूँ—बार-बार घिसा जानेवाला रबड़ का टुकड़ा। इसके बाद क्या कोई मुझे

वजह बता सकता है, एक भी ऐसी वजह, कि क्यों मुझे रहना चाहिए इस घर में ?

सब लोग चुप रहते हैं।

नहीं बता सकता न ?

स्त्री : मैंने एक छोटी-सी बात पूछी है तुमसे...

पुरुष-एक : *(सिर हिलाता)* हाँ...छोटी-सी बात ही तो है यह। अधिकार, रुतबा, इज़्ज़त—यह सब बाहर के लोगों से मिल सकता है इस घर को। इस घर का आज तक कुछ बना है, या आगे बन सकता है, तो सिर्फ बाहर के लोगों के भरोसे। मेरे भरोसे तो सब-कुछ बिगड़ता आया है और आगे बिगड़-ही-बिगड़ सकता है। *(लड़के की तरफ इशारा करके)* यह आज तक बेकार क्यों घूम रहा है ? मेरी वजह से। *(बड़ी लड़की की तरफ इशारा करके)* यह बिना बताए एक रात घर से क्यों भाग गई थी ? मेरी वजह से। *(स्त्री के बिलकुल सामने आकर)* और तुम भी...तुम भी इतने सालों से क्यों चाहती रही हो कि...?

स्त्री : *(बौखलाकर, शेष तीनों से)* सुन रहे हो तुमलोग ?

पुरुष-एक : अपनी ज़िन्दगी चौपट करने का ज़िम्मेदार मैं हूँ। तुम्हारी ज़िन्दगी चौपट करने का ज़िम्मेदार मैं हूँ। इन सबकी ज़िन्दगियाँ चौपट करने का ज़िम्मेदार मैं हूँ। फिर भी मैं इस घर से चिपका हूँ क्योंकि अन्दर से मैं आराम-तलब हूँ, घरघुसरा हूँ, मेरी हड्डियों में ज़ंग लगा है।

स्त्री : मैं नहीं जानती, तुम सचमुच ऐसा महसूस करते हो या...?

पुरुष : सचमुच महसूस करता हूँ। मुझे पता है, मैं एक कीड़ा हूँ जिसने अन्दर-ही-अन्दर इस घर को खा लिया है *(बाहर के दरवाज़े की तरफ़ चलता)* पर अब पेट भर गया है मेरा। हमेशा के लिए भर गया है *(दरवाज़े के पास रुककर)* और बचा भी क्या है जिसे खाने के लिए

और रहता रहूँ यहाँ ?

चला जाता है। कुछ देर के लिए सब लोग जड़-से हो रहते हैं। फिर छोटी लड़की हाथ के टोस्ट को मुँह की ओर ले जाती है।

बड़ी लड़की : तुम्हारा खयाल है, ममा... ?

स्त्री : लौट आएँगे रात तक। हर शुक्र-शनीचर यही सब होता है यहाँ।

छोटी लड़की : *(जूठे टोस्ट को प्लेट में वापस पटकती है)* थूः-थूः।

बड़ी लड़की : *(काफी गुस्से के साथ)* तुझे क्या हो रहा है वहाँ ?

छोटी लड़की : मुझे क्या हो रहा है यहाँ ? यह टोस्ट है, कोयला है ?

स्त्री : *(दाँत भींचे)* तू इधर आएगी एक मिनट ?

छोटी लड़की : नहीं आऊँगी।

बड़ी लड़की : नहीं आएगी ?

छोटी लड़की : नहीं आऊँगी। *(सहसा उठकर बाहर को चलती)* अन्दर जाओ, तो बाल खींचे जाते हैं। बाहर आओ, तो किटपिट-किटपिट-किटपिट और खाने को कोयला—अब उधर आकर इनके तमाचे और खाने हैं।

चली जाती है।

लड़का : *(उसके पीछे जाने को होकर)* मैं देखता हूँ इसे। कम-से-कम इस लड़की को तो मुझे...

दरवाज़े के पास पहुँचता ही है कि पीछे से स्त्री आवाज़ देकर उसे रोक लेती है।

स्त्री : सुन।

लड़का : *(किसी तरह निकल जाने की कोशिश में)* पहले मैं जाकर इसे...।

स्त्री : *(काफी सख्त स्वर में)* पहले तू आकर यहाँ...बात सुन मेरी।

लड़का किसी ज़रूरी काम पर जाने से रोक लिए जाने की मुद्रा में लौटकर स्त्री के पास आ जाता है।

लड़का : बताओ।

स्त्री : कम-से-कम तुझे इस वक़्त कहीं नहीं जाना है। वह आज फिर आनेवाला है थोड़ी देर में और...

लड़का : *('मुझे क्या, कोई आनेवाला है तो ?' की मुद्रा में)* कौन आनेवाला है ?

बड़ी लड़की : ममा का बॉस...क्या नाम है उसका ?

लड़का : अच्छा, वह...आदमी !

बड़ी लड़की : तू मिला है उससे ?

लड़का : दो बार।

बड़ी लड़की : कहाँ ?

लड़का : इसी घर में।

स्त्री : *(बड़ी लड़की से)* दोनों बार इसी के लिए बुलाया था मैंने उसे, आज भी इसी की ख़ातिर...

लड़का : *(कुछ तीखा पड़कर)* मेरी ख़ातिर ? मुझे क्या लेना-देना है उससे ?

बड़ी लड़की : ममा उसके जरिए तेरी नौकरी के लिए कोशिश कर रही होंगी न...।

लड़का : मुझे नहीं चाहिए नौकरी। कम-से-कम उस आदमी के जरिए हरगिज़ नहीं।

बड़ी लड़की : क्यों, उस आदमी को क्या है ?

लड़का : चुकन्दर है। वह आदमी है ? जिसे बैठने का शऊर है, न बात करने का।

स्त्री : पाँच हज़ार तनख्वाह है उसकी। पूरा दफ़्तर सँभालता है।

लड़का : पाँच हज़ार तनख्वाह है, पूरा दफ़्तर सँभालता है, पर इतना होश नहीं है कि अपनी पतलून के बटन...

स्त्री : अशोक !

लड़का : तुम्हारा बॉस न होता, तो उस दिन मैं कान से पकड़कर घर से निकाल दिया होता। सोफे पर टाँग पसारे आप सोच कुछ रहे हैं, जाँघ खुजलाते देख किसी तरफ रहे

हैं और बात मुझसे कर रहे हैं...*(नकल उतारता)* 'अच्छा, यह बतलाइए कि आपके राजनीतिक विचार क्या हैं ?' राजनीतिक विचार हैं मेरी खुजली और उसकी मरहम !

स्त्री : *(अपना माथा सहलाकर बड़ी लड़की से)* ये लोग हैं जिनके लिए मैं जानमारी करती हूँ रात-दिन।

लड़का : पहले पाँच सेकंड आदमी की आँखों में देखता रहेगा। फिर होंठों के दाहिने कोने से जरा-सा मुस्कराएगा। फिर एक-एक लफ़्ज़ को चबाता हुआ पूछेगा...*(उसके स्वर में)* 'आप क्या सोचते हैं, आजकल युवा लोगों में इतनी अराजकता क्यों है ?' ढूँढ़-ढूँढ़कर सरकारी हिन्दी के लफ्ज़ लाता है—युवा लोगों में ! अराजकता !

स्त्री : तो फिर ?

लड़का : तो फिर क्या ?

स्त्री : तो फिर क्या मरज़ी है तेरी ?

लड़का : किस चीज़ को लेकर ?

स्त्री : अपने-आपको।

लड़का : मुझे क्या हुआ है ?

स्त्री : ज़िन्दगी में तुझे भी कुछ करना-धरना है या बाप ही की तरह...?

लड़का : *(फिर तीखा पड़कर)* हर बात में ख़ामख़ाह उनका जिक्र क्यों बीच में लाती हो ?

स्त्री : पढ़ाई थी, तो तूने पूरी नहीं की। एयर-फ्रीज में नौकरी दिलवाई थी, तो वहाँ से छह हफ्ते बाद छोड़कर चला आया। अब मैं नए सिरे से कोशिश करना चाहती हूँ तो...

लड़का : पर क्यों करना चाहती हो ? मैंने कहा है तुमसे कोशिश करने के लिए ?

बड़ी लड़की : तो तेरा मतलब है कि तू...ज़िन्दगी-भर कुछ भी नहीं करना चाहता ?

लड़का : ऐसा कहा है मैंने ?

बड़ी लड़की : तो नौकरी के सिवा ऐसा क्या है जो तू... ?

लड़का : यह मैं नहीं कह सकता। सिर्फ इतना कह सकता हूँ कि जिस चीज़ में मेरी अन्दर से दिलचस्पी नहीं है...।

स्त्री : दिलचस्पी तो तेरी...

बड़ी लड़की : ठहरो, ममा...!

स्त्री : तू ठहर, मुझे बात करने दे। *(लड़के से)* दिलचस्पी तो तेरी सिर्फ़ तीन चीज़ों में है—दिन-भर ऊँघने में, तस्वीरें काटने में और...घर की यह चीज़ वह चीज़ ले जाकर...

लड़का : *(कड़वी नज़र से उसे देखता)* इसे घर कहती हो तुम ?

स्त्री : तो तू इसे क्या समझकर रहता है यहाँ ?

लड़का : मैं इसे...

बड़ी लड़की : *(उसे बोलने न देने के लिए)* देख अशोक, ममा के यह सब कहने का मतलब सिर्फ इतना है कि...

लड़का : मैं नहीं जानता मतलब ? तू चली गई है यहाँ से, मैं तो अभी यहीं रहता हूँ।

स्त्री : *(हताश भाव से)* तो क्यों नहीं तू भी फिर...?

बड़ी लड़की : *(झिड़कने के स्वर में)* कैसी बात कर रही हो, ममा !

स्त्री : कैसी बात कर रही हूँ ? यहाँ पर सबलोग समझते क्या हैं मुझे ? एक मशीन, जोकि सबके लिए आटा पीसकर रात को दिन और दिन को रात करती रहती है ? मगर किसी के मन में ज़रा-सा भी ख़याल नहीं है इस चीज़ के लिए कि कैसे मैं...।

इस बीच ही बाहर के दरवाज़े पर पुरुष-दो की आकृति दिखाई देती है जो किवाड़ को हलके से खटखटा देता है। स्त्री चौंककर उधर देखती है और अपनी अधकही बात को बीच में ही चबा जाती है।

(स्वर को किसी तरह सँभालती) आप ?...आ गए हैं आप ?...आइए-आइए अन्दर।

बड़ी लड़की : *(दायित्वपूर्ण ढंग से दरवाज़े की तरफ़ बढ़ती)* आइए।

पुरुष-दो अभ्यस्त मुद्रा में उनके अभिवादन का उत्तर देता अन्दर आ जाता है।

स्त्री : यह मेरी बड़ी लड़की—बिन्नी। अशोक तो आपसे मिल ही चुका है।

पुरुष-दो : अच्छा-अच्छा...यही है वह लड़की। तुम चर्चा कर रही थीं इसकी। इसका ऑपरेशन हुआ था न पिछले साल...न-न-न न। वह तो मिसेज़ माथुर की लड़की का ? नहीं शायद...पर हुआ था किसी की लड़की का।

स्त्री : यहाँ आ जाइए सोफे पर !

सोफे की तरफ बढते हुए पुरुष-दो की आँखें लड़के से मिल जाती हैं। लड़का चलते ढंग से उसे हाथ जोड़ देता है। पुरुष-दो फिर उसी अभ्यस्त ढंग से उत्तर दे देता है।

पुरुष-दो : *(बैठता हुआ)* इतने लोगों से मिलना-जुलना होता है कि...*(अपनी घड़ी देखकर)* पाँच मिनट हैं सात में। उनका अनुरोध था, सात तक अवश्य पहुँच जाऊँ। कई लोगों को बुला रखा है उन्होंने—विशेष रूप से मिलने के लिए *(बड़ी लड़की को ध्यान से देखता, स्त्री से)* तुमने बताया था कुछ इसके विषय में। किस कॉलेज में है यह ?

स्त्री : अब कॉलेज में नहीं है...

पुरुष-दो : हाँ-हाँ-हाँ...बताया था तुमने। *(बड़ी लड़की से)* बैठो न। *(स्त्री से)* बैठो तुम भी।

स्त्री सोफे के पास कुर्सी पर बैठ जाती है। बड़ी लड़की कुछ दुविधा में खड़ी रहती है।

स्त्री : बैठ जा, खड़ी क्यों है ?

बड़ी लड़की : ये जल्दी चले जाएँगे, सोच रही थी चाय का पानी...।

पुरुष-दो : नहीं-नहीं, चाय-वाय नहीं इस समय। वैसे भी बहुत कम पीता हूँ। एक लेख था कहीं...रीडर्ज़ डाइजेस्ट में था...कि अधिक चाय पीने से *(जाँघ खुजलाता)* रीडर्ज़ डाइजेस्ट भी क्या चीज़ निकालते हैं ! अपने यहाँ तो बस ये कहानियाँ वो कहानियाँ, कोई अच्छी पत्रिका मिलती ही नहीं देखने को। एक अमरीकन आया हुआ था पिछले दिनों। बता रह था कि...

लड़का जो इतनी देर परे खड़ा रहता है, अब बढ़कर उनके पास आ जाता है।

लड़का : *(स्त्री से)* ऐसा है ममा, कि...

स्त्री : रुक अभी। *(पुरुष-दो से)* एक प्याली भी नहीं लेंगे ?

पुरुष-दो : ना, बिलकुल नहीं।...अन्तर्राष्ट्रीय सम्पर्क है कम्पनी के, सो सभी देशों के लोग मिलने आते रहते हैं। जापान से तो पूरा एक प्रतिनिधि-मंडल ही आया हुआ था पिछले दिनों...। कुछ भी कहिए, जापान ने इन सबकी नाक में नकेल कर रखी है आजकल। अभी उस दिन मैं जापान की पिछले वर्ष की औद्योगिक सांख्यिकी देख रहा था...

लड़का : मैं क्षमा चाहूँगा क्योंकि..

स्त्री : तुझसे कहा है, रुक अभी थोड़ी देर। *(पुरुष-दो से)* आप कॉफी पसन्द करते हों, तो...

पुरुष-दो : न चाय, न कॉफी।...एक घटना सुनाऊँ आपको, कॉफी पीने के सम्बन्ध में। आज की बात नहीं, बहुत साल पहले की है। तब की जब मैं अपने विश्वविद्यालय की साहित्य-सभा का मन्त्री था। *(मन में उस बात का रस लेता)* हँ-हैं-हँ-हैं-हँ-हैं।...साहित्यिक गतिविधियों में रुचि आरम्भ से ही थी। सो...*(बड़ी लड़की और लड़के से)* बैठ जाओ तुम लोग।

बड़ी लड़की बैठ जाती है।

लड़का : बात यह है कि...

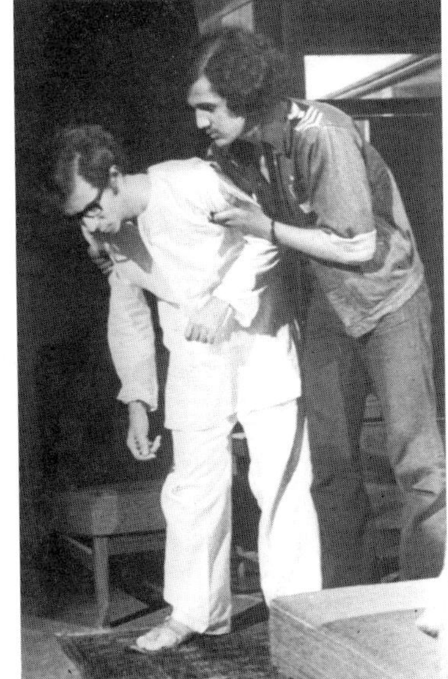

फ़ैज़ल अल्काज़ी (महेन्द्रनाथ) और आलोकनाथ (अशोक)

मीरा आनंद (सावित्री)

फ़ैज़ल अल्काज़ी (पुरुष)

'रुचिका' की
अरुण कुकरेजा निर्देशित
प्रस्तुति से कुछ दृश्य

राष्ट्रीय नाट्य विद्यालय
रंगमंडल दिल्ली की प्रस्तुति ;
निर्देशक - अमाल अल्लाना

ओम शिवपुरी (दिशान्तर, दिल्ली) निर्देशित प्रस्तुति
ओम शिवपुरी (महेन्द्रनाथ), सुधा शिवपुरी (सावित्री),
दिनेश ठाकुर (अशोक), ऋचा व्यास (किन्नी)
और अनुराधा कपूर (बिन्नी)

प्रतिमा काज़मी (स्त्री), रवि खानविलकर
(पुरुष), अलका अमीन (छोटी लड़की)

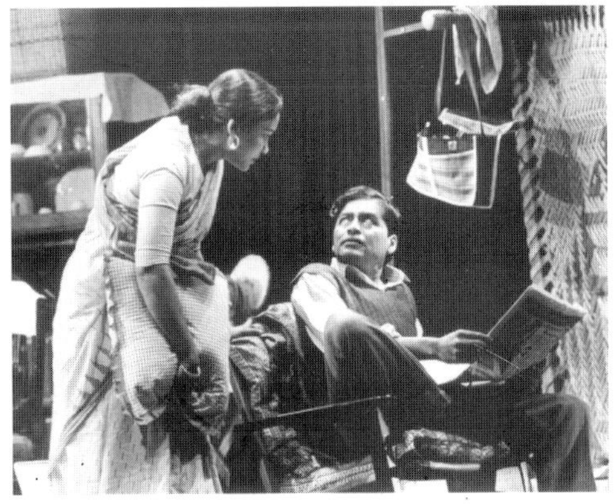

राष्ट्रीय नाट्य विद्यालय रंगमंडल, नई दिल्ली :
निर्देशक - त्रिपुरारी शर्मा

राजिन्दर नाथ (अभियान, दिल्ली) की प्रस्तुति

सुधा चोपड़ा (सावित्री), ओमपुरी (जुनेजा), राजेन्द्र गुप्ता (महेन्द्रनाथ) और दीपक केजरीवाल/कजीर (अशोक)

राजेश विवेक ,सुरेखा सीकरी
निर्देशक - अमाल अल्लाना

मनोहर सिंह (महेन्द्रनाथ), के.के रैना (अशोक), उत्तरा बाव्कर (बिन्नी) और अनीला सिंह (किन्नी), निर्देशक - अमाल अल्लाना

हरीश भाटिया (अभिनेत, चंडीगढ़)

कमल अरोड़ा (महेन्द्रनाथ), गोल्डी मल्होत्रा (स्त्री), विकास नंदा (अशोक), मीरा भाटिया (किन्नी)

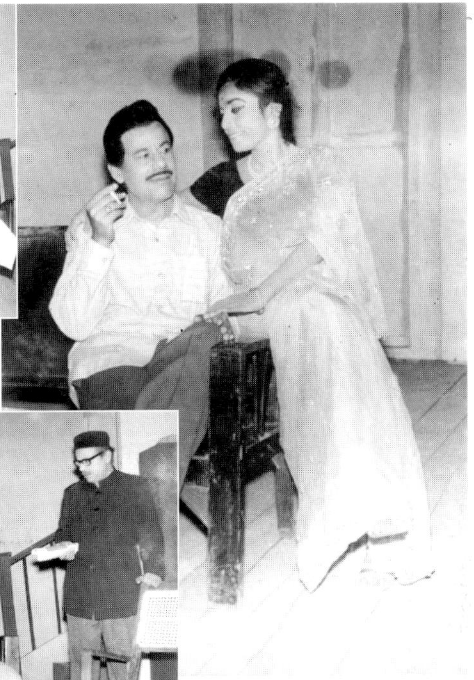

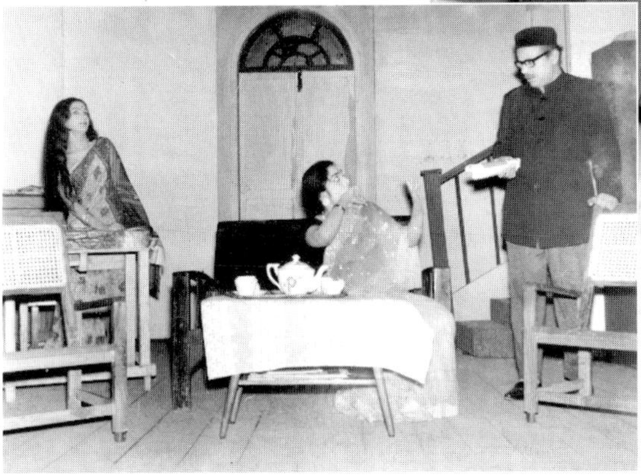

कृष्ण कुण्डू निर्देशित (शोभनिक, कोलकाता) बांग्ला प्रस्तुति से कुछ दृश्य

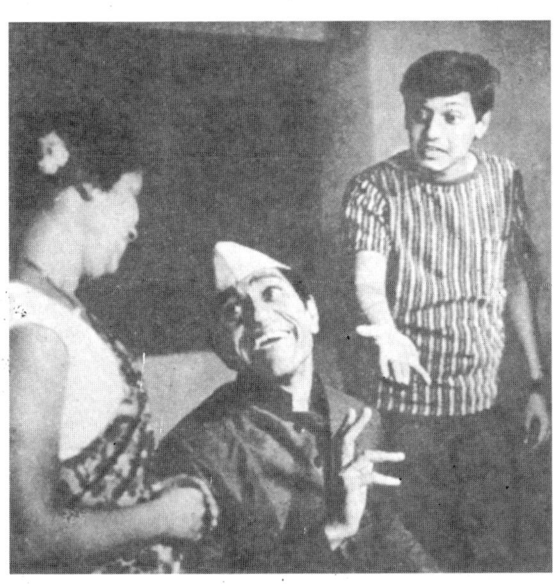

सत्यदेव दुबे की प्रस्तुति

सतीश आनंद निर्देशित कला संगम (पटना) की प्रस्तुति में सतीश आनन्द व कविता कुंद्रा

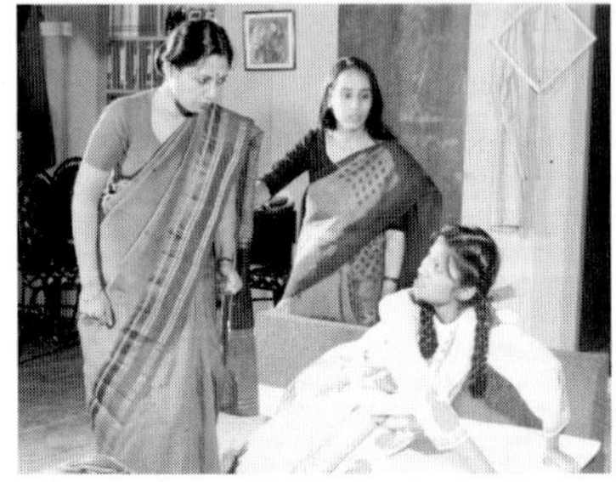

दिनेश ठाकुर ('अंक', बम्बई)
निर्देशित प्रस्तुति

दिनेश ठाकुर (पुरुष), प्रीता माथुर (स्त्री),
सुस्मिता दान (छोटी लड़की), नवजीत अम्बानी (बड़ी लड़की)

एस. वासुदेव (जयपुर)

सुरेश भारद्वाज (संभव, नई दिल्ली)

श्यामानंद जालान (पुरुष) और चेतना जालान (स्त्री) *(पदातिक, कोलकता)*

अवंत गार्द (इम्फ़ाल) : निर्देशक - सानारव्या इबोतोम्बी इमोबी (पुरुष), गीता देवी (स्त्री), बेदाबती (बड़ी लड़की), मेरीना (छोटी लड़की) और एल. शान्ति (लड़का)

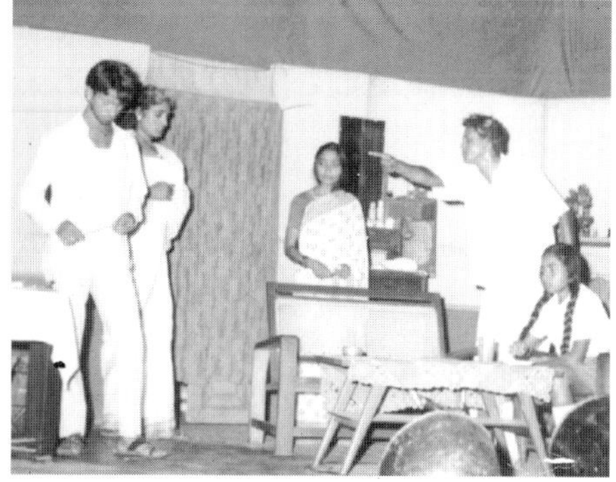

रूपायन (जमशेदपुर) : निर्देशक - मदनमोहन श्रीवास्तव

मदनमोहन श्रीवास्तव (पुरुष), कुलदीप कौर भूलर (स्त्री), राज बहादुर सिंह (लड़का), पुष्पलता दास (बड़ी लड़की) और बावली रीना पंकज (छोटी लड़की)

'आधे अधूरे' का पुरुष : कुछ छवियाँ

स्त्री : *(उठती हुई)* बैठ ! मैं थोड़ा नमकीन लेकर आ रही हूँ। लड़के को बैठने के लिए कोंचकर अहाते के दरवाज़े से चली जाती है। लड़का असन्तुष्ट भाव से उसे देखता है, फिर टहलता हुआ पढ़ने की मेज़ के पास चला जाता है। बड़ी लड़की से आँख मिलने पर हलके से मुँह बनाता है और कुर्सी का रुख थोड़ा सोफे की तरफ करके बैठ जाता है।

पुरुष-दो : *(बड़ी लड़की से)* तुम्हें पहले कहीं देखा है...नहीं देखा ?

बड़ी लड़की : मुझे ?...आपने ?

पुरुष-दो : किसी इन्टरव्यू में ?

बड़ी लड़की : नहीं तो।

पुरुष-दो : फिर भी लगता है देखा है।...कोई और होगी। बिलकुल तुम्हारे जैसी थी। विचित्र बात नहीं है यह ?

बड़ी लड़की : क्या ?

पुरुष-दो : कि बहुत-से लोग एक-दूसरे जैसे होते हैं। हमारे अंकल हैं एक। पीठ से देखो—मोरारजी भाई लगते हैं।

लड़का इस बीच मेज़ की दराज़ खोलकर तस्वीरें निकाल लेता है और उन्हें मेज़ पर फैलाने लगता है।

लड़का : हमारी आंटी हैं एक। गरदन काटकर देखो—जीता सोलोब्रिजिदा नज़र आती हैं।

पुरुष-दो : हाँ !...कई लोग होते हैं ऐसे। जीवन की विचित्रताओं की ओर ध्यान देने लगें, तो कई बार तो लगता है कि...*(सहसा जेबें टटोलता)* भूल तो नहीं आया घर पर ? *(जेब से चश्मा निकालकर वापस रखता)* नहीं। तो मैं कह रहा था कि...क्या कह रहा था ?

बड़ी लड़की : कि जीवन की विचित्रताओं की ओर ध्यान देने लगें, तो...

लड़का : जापान की औद्योगिक...क्या थी वह ?...उसकी बात नहीं कर रहे थे ?

स्त्री इस बीच नमकीन की प्लेट लिए अहाते के दरवाज़े से आ जाती है।

स्त्री : कोई घटना सुना रहे थे कॉफी पीने के सम्बन्ध में।

पुरुष-दो : हाँ...तो...तो...तो वह...वह जो...।

स्त्री : लीजिए थोड़ा-सा।

पुरुष-दो : हाँ-हाँ...ज़रूर *(बड़ी लड़की से)* लो तुम भी। *(स्त्री से)* बैठ जाओ अब।

स्त्री : *(मोढ़े पर बैठती)* उस विषय में सोचा आपने कुछ ?

पुरुष-दो : *(मुँह चलाता)* किस विषय में ?

स्त्री : वह जो मैंने बात की थी आपसे...कि कोई ठीक-सी जगह हो आपकी नज़र में, तो...

पुरुष-दो : बहुत स्वादिष्ट है।

स्त्री : याद है न आपको ?

पुरुष-दो : याद है। कुछ बात की थी तुमने एक बार। अपनी किसी कज़िन के लिए कहा था...नहीं, वह तो मिसेज़ मल्होत्रा ने कहा था। तुमने किसके लिए कहा था ?

स्त्री : *(लड़के की तरफ देखती)* इसके लिए।

पुरुष-दो घूमकर लड़के की तरफ देखता है, तो लड़का एक बनावटी मुस्कराहट मुस्करा देता है।

पुरुष-दो : हूँ-हूँ...। क्या पास किया है इसने ? बी. कॉम. ?

स्त्री : मैंने बताया था। बी.एस-सी. कर रहा था...तीसरे साल में बीमार हो गया, इसलिए...

पुरुष-दो : अच्छा-अच्छा...हाँ...बताया था तुमने कि कुछ दिन एयर-इंडिया में...

स्त्री : एयर-फ्रीज़ में

पुरुष-दो : हाँ, एयर-फ्रीज़ में।...हूँ-हूँ...हूँ।

फिर घूमकर लड़के की तरफ़ देख लेता है। लड़का फिर उसी तरह मुस्करा देता है।

इधर आ जाइए आप। वहाँ दूर क्यों बैठे हैं ?

लड़का : *(अपनी नाक की तरफ़ इशारा करता)* जी, मुझे ज़रा...

पुरुष-दो : अच्छा-अच्छा...देश का जलवायु ही ऐसा है, क्या किया जाए ? जलवायु की दृष्टि से जो देश मुझे सबसे पसन्द है, वह है इटली। पिछले वर्ष काफी यात्रा पर रहना पड़ा। पूरा यूरोप घूमा, पर जो बात मुझे इटली में मिली, वह और किसी देश में नहीं। इटली की सबसे बड़ी विशेषता पता है, क्या है ?...बहुत ही स्वादिष्ट है। कहाँ से लाती हो ? *(घड़ी देखकर)* सात पाँच यहीं हो गए। तो...

स्त्री : यहीं कोने पर एक दुकान है।

पुरुष-दो : अच्छी दुकान है। मैं प्रायः कहा करता हूँ कि खाना और पहनना, इन दो दृष्टियों से...वह अमरीकन भी यही बात कह रहा था कि जितनी विविधता इस देश के खान-पान और पहनावे में है...और वही क्या, सभी विदेशी लोग इस बात को स्वीकार करते हैं। क्या रूसी, क्या जर्मन ! मैं कहता हूँ, संसार में शीत-युद्ध को कम करने में हमारी कुछ वास्तविक देन है, तो यही कि...तुम अपनी इस साड़ी को ही लो। कितनी साधारण है, फिर भी...यह हड़तालों-अड़तालों का चक्कर न चलता अपने यहाँ, तो हमारा वस्त्र-उद्योग अब तक...अच्छा, तुमने वह नोटिस देखा है जो यूनियन ने मैनेजमेंट को दिया है ?

स्त्री 'हाँ' के लिए सिर हिला देती है।

कितनी बेतुकी बातें हैं उसमें ! हमारे यहाँ डी.ए. पहले ही इतना है कि...

लड़का दराज़ से एक पैड निकालकर दराज़ बन्द करता है। पुरुष-दो फिर घूमकर उस तरफ़ देख लेता है। लड़का फिर मुस्करा देता है। पुरुष-दो के मुँह मोड़ने के साथ ही वह पैड पर पेंसिल से लकीरें खींचने लगता है।

तो मैं कह रहा था कि...क्या कह रहा था ?

स्त्री : कह रहे थे...।

बड़ी लड़की : कई बातें कह रहे थे।

पुरुष-दो : पर बात शुरू कहाँ से की थी मैंने ?

लड़का : इटली की सबसे बड़ी विशेषता से।

पुरुष : हाँ, पर उसके बाद... ?

लड़का : खान-पान और पहनावे की विविधता...अमरीकन, जर्मन, रूसी...शीत-युद्ध, हड़तालें...वस्त्र-उद्योग...डी.ए.।

पुरुष-दो : बहुत अच्छी स्मरण-शक्ति है लड़के की। तो कहने का मतलब था कि...

स्त्री : थोड़ा और लीजिए।

पुरुष-दो : और नहीं अब।

स्त्री : थोड़ा-सा...देखिए, जैसे भी हो, इसके लिए आपको कुछ-न-कुछ ज़रूर करना है।

पुरुष-दो : जरूर...। किसके लिए क्या करना है ?

स्त्री : *(लड़के की तरफ देखकर)* इसके लिए...कुछ-न-कुछ।

पुरुष-दो : हाँ-हाँ...ज़रूर। वह तो है ही। *(लड़के की तरफ मुड़कर)* बी.एस-सी. में कौन-सा डिविज़न था आपका ?

लड़का उँगली से हाथ में सिफर खींच देता है।

कौन-सा ?

लड़का : *(तीन-चार बार उँगली घुमाकर)* ओ !

पुरुष-दो : *(जैसे बात समझकर)* ओ !

स्त्री : तीसरे साल मैं बीमार हो गया था, इसलिए...

पुरुष-दो : अच्छा-अच्छा...हाँ।...ठीक है...देखूँगा मैं। *(घड़ी देखकर)* अब चलना चाहिए। बहुत समय हो गया। *(उठता हुआ)* तुम घर पर आओ किसी दिन। बहुत दिनों से नहीं आईं।

स्त्री और बड़ी लड़की साथ ही उठ खड़ी होती हैं।

स्त्री : मैं भी सोच रही थी आने के लिए। बेबी से मिलने।

पुरुष-दो : वह पूछती रहती है, आंटी इतने दिनों से क्यों नहीं आईं ? बहुत प्यार करती है अपनी आंटियों से। माँ के न होने से बेचारी...।

स्त्री : बहुत ही प्यारी बच्ची है। मैं पूछ लूँगी किसी दिन आपसे। इससे भी कह दूँ। आकर मिल ले आपसे एक बार।

पुरुष-दो : *(बड़ी लड़की को देखता)* किससे ? इससे ?

स्त्री : अशोक से।

पुरुष-दो : हाँ-हाँ...क्यों नहीं। पर तुम तो आओगी ही। तुम्हीं को बता दूँगा।

स्त्री : ये जा रहे हैं, अशोक !

लड़का : *(जैसे पहले पता न चला हो)* जा रहे हैं आप !

उठकर पास आ जाता है।

पुरुष-दो : *(घड़ी देखता)* सोचा नहीं था, इतनी देर रुकूँगा। *(बाहर से दरवाज़े की तरफ़ बढ़ता बड़ी लड़की से)* तुम नहीं करती नौकरी ?

बड़ी लड़की : जी नहीं।

स्त्री : चाहती है करना, पर...*(बड़ी लड़की से)* चाहती है न ?

बड़ी लड़की : हाँ...नहीं...ऐसा है कि...।

स्त्री : डरती है।

पुरुष-दो : डरती है ?

स्त्री : अपने पति से।

पुरुष-दो : पति से ?

स्त्री : हाँ...उसे पसन्द नहीं है।

पुरुष-दो : यह लड़की ?

स्त्री : नहीं, इसका नौकरी करना।

पुरुष-दो : अच्छा-अच्छा...हाँ...।

स्त्री : तो आपको ध्यान रहेगा न इसके लिए...?

पुरुष-दो : इसके लिए ?

स्त्री : मेरा मतलब है उसके लिए...।

पुरुष-दो : हाँ-हाँ-हाँ-हाँ-हाँ...तुम आओगी ही घर पर। दफ्तर की भी कुछ बातें करनी हैं। वही जो यूनियन-ऊनियन का झगड़ा है।

स्त्री : मैं तो आऊँगी ही। यह भी अगर मिल ले... ?

पुरुष-दो : *(घड़ी देखकर)* बहुत देर हो गई। *(लड़के से)* अच्छा, एक बात बताएँगे आप कि ये जो हड़तालें हो रही हैं सब

क्षेत्रों में आजकल, इनके विषय में आप क्या सोचते हैं ?

लड़का ऐसे उचक जाता है जैसे कोई कीड़ा पतलून के अन्दर चला आया हो।

लड़का : ओह ! ओह ! ओह !

जैसे बाहर से कीड़ा पकड़ने की कोशिश करने लगता है।

बड़ी लड़की : क्या हुआ ?

स्त्री : *(कुछ खीज के साथ)* उन्होंने क्या पूछा है ?

लड़का : *(बड़ी लड़की से)* हुआ कुछ नहीं...कीड़ा है एक।

बड़ी लड़की : कीड़ा ?

पुरुष-दो : अपने देश में तो...।

लड़का : पकड़ गया।

पुरुष-दो : ...इतनी तरह का कीड़ा पाया जाता है कि...

लड़का : मसल दिया।

पुरुष-दो : मसल दिया? शिव-शिव-शिव ! यह हिंसा की भावना...

स्त्री : बहुत है इसमें। कोई कीड़ा हाथ लग जाए सही।

लड़का : और कीड़ा चाहे जितनी हिंसा करता रहे ?

पुरुष-दो : मूल्यों का प्रश्न है। मैं प्रायः कहा करता हूँ...बैठो तुमलोग।

स्त्री : मैं सड़क तक चल रही हूँ साथ।

पुरुष-दो : इस देश में नैतिक मूल्यों के उत्थान के लिए...तुमने भाषण सुना है...वे जो आए हुए हैं आजकल, क्या नाम उनका ?

लड़का : निरोध महर्षि ?

पुरुष-दो : हाँ-हाँ-हाँ...यही नाम है न ? इतना अच्छा भाषण देते हैं...जन्म-कुंडली भी बनाते हैं वैसे—पर भाषण ? वाह-वाह-वाह !

अन्तिम शब्दों के साथ दरवाज़ा लाँघ जाता है। स्त्री भी साथ ही बाहर चली जाती है।

लड़का : हाहा !

बड़ी लड़की : यह किस बात पर ?

लड़का : एक्टिंग देखा ?

बड़ी लड़की : किसका ?

लड़का : मेरा।

बड़ी लड़की : तो क्या तू...?

लड़का : उल्लू बना रहा था उसे।

बड़ी लड़की : पता नहीं, असल में कौन उल्लू बना रहा था।

लड़का : क्यों ?

बड़ी लड़की : उसे तो फिर भी पाँच हज़ार तनखाह मिल जाती है।

लड़का : चेहरा देखा है पाँच हज़ार तनखाह वाले का ?

पैड पर बनाया गया खाका लाकर उसे दिखाता है।

बड़ी लड़की : यह उसका चेहरा है ?

लड़का : नहीं है ?

बड़ी लड़की : सिर पर क्या है यह ?

लड़का : सींग बनाए थे, काट दिए। कहते हैं...सींग नहीं होते।

बड़ी लड़की पैड उसके हाथ से लेकर देखती है।

स्त्री लौटकर आती है।

स्त्री : तू एक मिनट जाएगा बाहर।

लड़का : क्यों ?

स्त्री : गाड़ी चल नहीं रही उनकी ?

लड़का : क्या हुआ ?

स्त्री : बैटरी डाउन हो गई है। धक्का लगाना पड़ेगा।

लड़का : अभी से ? अभी तो नौकरी की बात तक नहीं की उसने...।

स्त्री : जल्दी चला जा। उन्हें पहले ही देर हो गई है।

लड़का : अगर सचमुच दिला दी उसने नौकरी, तब तो पता नहीं...।

बाहर के दरवाज़े से चला जाता है।

स्त्री : कुछ समझ में नहीं आता, क्या होने को है इस लड़के का...यह तेरे हाथ में क्या है ?

बड़ी लड़की : मेरे हाथ में ?...यह तो वह है...वह जो बना रहा था।

स्त्री : क्या बना रहा था ?...देखूँ ?

बड़ी लड़की : *(पैड उसकी तरफ बढ़ाती)* ऐसे ही...पता नहीं क्या बना रहा था ! बैठे-बैठे इसे भी बस... ?

स्त्री पल-भर ख़ाके को लेकर देखती रहती है।

स्त्री : यह चेहरा कुछ-कुछ वैसा नहीं है ?

बड़ी लड़की : कैसा ?

स्त्री : तेरे डैडी जैसा ?

बड़ी लड़की : डैडी जैसा ? नहीं तो।

स्त्री : लगता तो है कुछ-कुछ।

बड़ी लड़की : वह तो इस आदमी का चेहरा बना रहा था...यह जो अभी गया है।

स्त्री : *(त्यौरी डालकर)* यह करतूत कर रहा था ?

लड़का लौटकर आ जाता है।

लड़का : *(जैसे हाथों से गर्द झाड़ता)* क्या तो अपनी सूरत है और क्या गाड़ी की !

स्त्री : इधर आ।

लड़का : *(पास आता)* गाड़ी का इंजन तो फिर भी धक्के से चल जाता है, पर जहाँ तक *(माथे की तरफ इशारा करके)* इस इंजन का सवाल है...

स्त्री : *(कुछ सख्त स्वर में)* यह क्या बना रहा था तू ?

लड़का : तुम्हें क्या लगता है ?

स्त्री : तू क्या बना रहा था ?

लड़का : एक आदिम बन-मानुस।

स्त्री : क्या ?

लड़का : बन-मानुस।

स्त्री : नाटक मत कर। ठीक से बता।

लड़का : देख नहीं रहीं यह लपलपाती जीभ, ये रिसती गुफ़ाओं जैसी आँखें, ये...

स्त्री : मुझे तेरी ये हरकतें बिलकुल पसन्द नहीं हैं। सुन रहा

है तू ?

लड़का उत्तर न देकर पढ़ने की मेज़ की तरफ बढ़ जाता है और वहाँ से तस्वीरें उठाकर देखने लगता है।

सुन रहा है या नहीं ?

लड़का : सुन रहा हूँ।

स्त्री : सुन रहा है, तो कुछ कहना नहीं है तुझे ?

लड़का उसी तरह तस्वीरें देखता रहता है।

नहीं कहना है ?

लड़का : *(तस्वीरें वापस मेज़ पर रख देता)* क्या कह सकता हूँ ?

स्त्री : मत कह, नहीं कह सकता तो। पर मैं मिन्नत-खुशामद से लोगों को घर पर बुलाऊँ और तू आने पर उनका मज़ाक उड़ाए, उनके कार्टून बनाए—ऐसी चीज़ें अब मुझे बिलकुल बरदाश्त नहीं हैं। सुन लिया ? बिलकुल-बिलकुल बरदाश्त नहीं हैं।

लड़का : नहीं बरदाश्त हैं, तो बुलाती क्यों हो ऐसे लोगों को घर पर कि जिनके आने से... ?

स्त्री : हाँ-हाँ...बता, क्या होता है जिनके आने से ?

लड़का : रहने दो। मैं इसीलिए चला जाना चाहता था पहले ही।

स्त्री : तू बात पूरी कर अपनी।

लड़का : जिनके आने से हम जितने छोटे हैं, उससे और छोटे हो जाते हैं अपनी नज़र में।

स्त्री : *(कुछ स्तब्ध होकर)* मतलब ?

लड़का : मतलब वही जो मैंने कहा है। आज तक जिस किसी को बुलाया है तुमने, किस वजह से बुलाया है ?

स्त्री : तू क्या समझता है, किस वजह से बुलाया है ?

लड़का : उसकी किसी 'बड़ी' चीज़ की वजह से। एक को कि वह इंटेलेक्चुअल बहुत बड़ा है। दूसरे को कि उसकी तनख्वाह पाँच हज़ार है। तीसरे को कि उसकी तख्ती चीफ कमिश्नर की है। जब भी बुलाया है, आदमी को

नहीं—उसकी तनख्वाह को, नाम को, रुतबे को बुलाया है।

स्त्री : तू कहना क्या चाहता है इससे कि ऐसे लोगों के आने से इस घर के लोग छोटे हो जाते हैं ?

लड़का : बहुत-बहुत छोटे हो जाते हैं।

स्त्री : और मैं उन्हें इसलिए बुलाती हूँ कि...

लड़का : पता नहीं किसलिए बुलाती हो, पर बुलाती सिर्फ़ ऐसे ही लोगों को हो। अच्छा, तुम्हीं बताओ, किसलिए बुलाती हो ?

स्त्री : इसलिए कि किसी तरह इस घर का कुछ बन सके, कि मेरे अकेली के ऊपर बहुत बोझ है इस घर का। जिसे कोई और भी मेरे साथ ढोनेवाला हो सके। अगर मैं कुछ खास लोगों के साथ सम्बन्ध बनाकर रखना चाहती हूँ तो अपने लिए नहीं, तुम लोगों के लिए। पर तुम लोग इससे छोटे होते हो, तो मैं छोड़ दूँगी कोशिश। हाँ, इतना कहकर कि मैं अकेले दम इस घर की ज़िम्मेदारियाँ नहीं उठाती रह सकती और एक आदमी है जो घर का सारा पैसा डुबोकर सालों से हाथ पर हाथ धरे बैठा है। दूसरा अपनी कोशिश से कुछ करना तो दूर, मेरे सिर फोड़ने से भी किसी ठिकाने लगना अपना अपमान समझता है। ऐसे में मुझसे भी नहीं निभ सकता। जब और किसी को यहाँ दर्द नहीं किसी चीज़ का, तो अकेली मैं ही क्यों अपने को चीथती रहूँ रात-दिन ? मैं भी क्यों न सुर्खरू होकर बैठ रहूँ अपनी जगह ? उससे तो तुममें से कोई छोटा नहीं होगा।

लड़का चुप रहकर मेज़ की दराज़ खोलने-बन्द करने लगता है।

चुप क्यों है अब ? बता न, अपने बड़प्पन से ज़िन्दगी काटने का क्या तरीका सोच रखा है तूने ?

लड़का : बात को रहने दो, ममा ! नहीं चाहता, मेरे मुँह से कुछ

ऐसा निकल जाए जिससे तुम...

स्त्री : जिससे मैं क्या ? कह, जो भी कहना है तुझे।

लड़का : *(कुर्सी पर बैठता)* कुछ नहीं कहना है मुझे।

उड़ते मन से एक मैगज़ीन और क़ैंची दराज़ से निकालकर उसे ज़ोर से बन्द कर देता है।

स्त्री : तुछ नईं तैना है तुझे। बैथ दा तुलछी पल औल तछवीलें तात। तितनी तछबीलें ताती ऐं अब तत लाजे मुन्ने ने ? अगर कुछ नहीं कहना था तुझे तो पहले ही क्यों नहीं अपनी ज़बान...?

बड़ी लड़की : *(पास आकर उसकी बाँह थामती)* रुक जाओ ममा, मैं बात करूँगी इससे *(लड़के से)* देख अशोक...।

लड़का : तेरा इस वक़्त बात करना ज़रूरी है क्या ?

बड़ी लड़की : मैं तुझसे सिर्फ इतना पूछना चाहती हूँ कि...

लड़का : पर क्यों पूछना चाहती है ? मैं इस वक़्त किसी की किसी भी बात का जवाब नहीं देना चाहता।

बड़ी लड़की : *(कुछ रुककर)* यह तू भी जानता है कि ममा ने ही आज तक...

लड़का : तू फिर भी कर रही है बात !

स्त्री : क्यों कर रही है बात तू इससे ? कोई ज़रूरत नहीं किसी से भी बात करने की। आज वक़्त आ गया है जब खुद ही मुझे अपने लिए कोई-न-कोई फैसला...।

लड़का : ज़रूर कर लेना चाहिए।

बड़ी लड़की : अशोक।

लड़का : मैं कहना नहीं चाहता था, लेकिन...

स्त्री : तो कह क्यों रहा है ?

लड़का : कहना पड़ रहा है क्योंकि...जब नहीं निभता इनसे यह सब, तो क्यों निभाए जाती हैं इसे ?

स्त्री : मैं निभाए जाती हूँ क्योंकि...

लड़का : कोई और निभानेवाला नहीं है। यह बात बहुत बार कही जा चुकी है इस घर में।

बड़ी लड़की : तो तू सोचता है कि ममा जो कुछ भी करती हैं यहाँ... ?

लड़का : मैं पूछता हूँ, क्यों करती हैं ? किसके लिए करती हैं... ?

बड़ी लड़की : मेरे लिए करती थीं...।

लड़का : तू घर छोड़कर चली गई।

बड़ी लड़की : किन्नी के लिए करती हैं...।

लड़का : वह दिन-ब-दिन पहले से बदतमीज़ होती जा रही है।

बड़ी लड़की : डैडी के लिए करती हैं...।

लड़का : उनकी हालत देखकर रहम नहीं आता ?

बड़ी लड़की : और सबसे ज़्यादा तेरे लिए करती हैं।

लड़का : और मैं ही शायद इस घर में सबसे ज्यादा नाकारा हूँ।...पर क्यों हूँ ?

बड़ी लड़की : यह...यह मैं कैसे बता सकती हूँ ?

लड़का : कम-से-कम अपनी बात तो बता ही सकती है। तू यह घर छोड़कर क्यों चली गई थी ?

बड़ी लड़की : *(अप्रतिभ होकर)* मैं चली गई थी...चली गई थी... क्योंकि...

लड़का : क्योंकि तू मनोज से प्रेम करती थी।...खुद तुझे ही यह गुट्टी बहुत कमज़ोर नहीं लगती ?

बड़ी लड़की : *(रुँआसी पड़कर)* तो तू मुझसे...भी कह रहा है कि...?

शिथिल होती एक मोढ़े पर बैठ जाती है।

लड़का : मैंने कहा था कि तुझसे...मत कर बात।

स्त्री आहिस्ता से दो कदम चलकर लड़के के पास आ जाती है।

स्त्री : *(अत्यधिक गम्भीर)* तुझे पता है न, तूने क्या बात कही है ?

लड़का बिना कुछ कहे मैगज़ीन खोलकर उसमें से एक तस्वीर काटने लगता है।

पता है न ?

लड़का उसी तरह चुपचाप तस्वीर काटता रहता है।

तो ठीक है। आज से मैं सिर्फ़ अपनी ज़िन्दगी को देखूँगी—तुम लोग अपनी-अपनी ज़िन्दगी को खुद देख लेना।

बड़ी लड़की एक हाथ से दूसरे हाथ के नाखूनों को मसलने लगती है।

मेरे पास अब बहुत साल नहीं हैं जीने को। पर जितने हैं, उन्हें मैं इसी तरह और निभाते हुए नहीं काटूँगी। मेरे करने से जो कुछ हो सकता था इस घर का, हो चुका आज तक। मेरी तरफ से यह अन्त है उसका—निश्चित अन्त !

एक खंडहर की आत्मा को व्यक्त करता हलका संगीत। लड़का अपनी काटी तस्वीर पल-भर हाथ में लेकर देखता है, फिर चक्-चक् उसे बड़े-बड़े टुकड़ों में कतरने लगता है जो नीचे फर्श पर बिखरते जाते हैं। प्रकाश आकृतियों पर धुँधलाकर कमरे के अलग-अलग कोनों में सिमटता विलीन होने लगता है। मंच पर पूरा अँधेरा होने के साथ संगीत भी रुक जाता है। पर कैंची की चक्-चक् फिर भी कुछ क्षण सुनाई देती रहती है।

[अन्तराल विकल्प]

उत्तरार्द्ध

दो अलग-अलग प्रकाश-वृत्तों में लड़का और बड़ी लड़की। लड़का सोफे पर औंधा लेटकर टाँगें हिलाता सामने 'पेशेंस' के पत्ते फैलाए। बड़ी लड़की पढ़ने की मेज़ पर प्लेट में रखे स्लाइसों पर मक्खन लगाती। पास में टिन-कटर और 'चीज़' का एक डब्बा। पूरा प्रकाश होने पर कमरे में वह बिखराव नज़र आता है जो एक दिन ठीक से देख-रेख न होने से आ सकता है। यहाँ-वहाँ चाय की खाली प्यालियाँ, उतरे हुए कपड़े और ऐसी ही अस्त-व्यस्त चीज़ें।

बड़ी लड़की : यह डब्बा खोल देगा तू ?

लड़का : *(पत्तों में व्यस्त)* मुझसे नहीं खुलेगा।

बड़ी लड़की : नहीं खुलेगा, तो लाया किसलिए था ?

लड़का : तूने कहा था जो-जो उधार मिल सके, ले आ बनिए से। मैं उधार में एक फोन भी कर आया।

बड़ी लड़की : कहाँ ?

लड़का : जुनेजा अंकल के यहाँ।

बड़ी लड़की : डैडी से बात हुई ?

लड़का : नहीं।

बड़ी लड़की : तो ?

लड़का : जुनेजा अंकल से हुई।

बड़ी लड़की : कुछ कहा उन्होंने ?

लड़का : बात हुई, इसका यह मतलब नहीं कि...

बड़ी लड़की : मतलब डैडी के घर आने के बारे में।

लड़का : कहा—नहीं आएँगे।

बड़ी लड़की : नहीं आएँगे ?

लड़का : नहीं।

बड़ी लड़की : तो पहले क्यों नहीं बताया तूने ? मैं ऐसे ही ये सैंडविच-ऐंडविच... ?

लड़का : मैंने सोचा, चीज़-सैंडविच तुझे खुद को पसन्द है, इसलिए कह रही है।

बड़ी लड़की : मैंने कहा नहीं था कि ममा के दफ़्तर से लौटने तक डैडी भी आ जाएँ शायद ? चीज़-सैंडविच दोनों को पसन्द हैं।

लड़का : जुनेजा अंकल को भी पसन्द हैं। वे आएँगे, उन्हें खिला देना।

बड़ी लड़की : कहा है, आएँगे ?

लड़का : ममा से कुछ बात करना चाहते हैं। छह-साढ़े छह तक आएँ शायद।

बड़ी लड़की : ममा का मूड वैसे ही ऑफ़ है, ऊपर से वे आकर बात करेंगे। तो...चेहरा देखा था ममा का सुबह दफ़्तर जाते वक़्त ?

लड़का : मैं पड़ा ही नहीं सामने।

बड़ी लड़की : रात से ही चुप थीं, सुबह तो...। इतनी चुप पहले कभी नहीं देखा।

लड़का : बात हुई थी तेरी कुछ ?

बड़ी लड़की : यही चाय-वाय के बारे में।

लड़का : साड़ी तो बहुत बढ़िया बाँधकर गई हैं—जैसे किसी ब्याह का न्यौता हो।

बड़ी लड़की : देखा था तूने ?

लड़का : झलक पड़ी थी जब बाहर निकल रही थीं।

बड़ी लड़की : मैंने सोचा दफ़्तर से कहीं और जाएँगी वह। कहा, साढ़े पाँच तक आ जाएँगी—रोज़ की तरह।

लड़का : तूने पूछा था ?

बड़ी लड़की : इसलिए पूछा था कि मैं भी उसी हिसाब से अपना प्रोग्राम...पर सच कुछ पता नहीं चला।

लड़का : किस चीज़ का ?

बड़ी लड़की : कि मन में क्या सोच रही हैं। कहा तो कि साढ़े पाँच तक लौट आएँगी, पर चेहरे पर लगता था जैसे...

लड़का : जैसे ?

बड़ी लड़की : जैसे सचमुच मन में कोई फैसला कर लिया हो और...

लड़का : अच्छा नहीं है यह ?

बड़ी लड़की : अच्छा कहता इसे ?

लड़का : इसलिए कि हो सकता है, कुछ-न-कुछ हो इससे।

बड़ी लड़की : क्या हो ?

लड़का : कुछ भी। जो चीज़ बरसों से एक जगह रुकी है, वह रुकी ही नहीं रहनी चाहिए।

बड़ी लड़की : तो तू सचमुच चाहता है कि...

लड़का : *(अपनी बाज़ी का अन्तिम पत्ता चलता)* सचमुच चाहता हूँ कि बात किसी भी एक नतीजे तक पहुँच जाए।...तू नहीं चाहती ?

पत्ते समेटता उठ खड़ा होता है।

बड़ी लड़की : मुझे तेरी बातों से डर लगता है आजकल।

लड़का : *(उसकी तरफ आता)* पर ग़लत तो नहीं लगती मेरी बातें ?

बड़ी लड़की : पता नहीं...सही भी नहीं लगती हालाँकि...। *(डब्बा और टिन-कटर हाथ में लेकर)* यह डब्बा...?

लड़का : इस टिन कटर से नहीं खुलेगा। इसकी नोक इतनी मर चुकी है कि...

बड़ी लड़की : तो क्या करें फिर ?

लड़का : कोई और चीज़ नहीं है ?

बड़ी लड़की : मैं कैसे बता सकती हूँ ? मैं तो इतनी बेगानी महसूस करती हूँ अब इस घर में कि...

लड़का : पहले नहीं करती थी ?

बड़ी लड़की : पहले ? पहले तो...।

लड़का : महसूस करना ही महसूस नहीं होता था। और कुछ-कुछ

महसूस होना शुरू हुआ जब, तो पहला मौका मिलते ही घर से चली गई।

बड़ी लड़की : *(तीखी पड़कर)* तू फिर कलवाली बात कह रहा है ?

लड़का : बुरा क्यों मानती है ? मैं खुद अपने को बेगाना महसूस करता हूँ यहाँ...और महसूस करना शुरू किया है मैंने तेरे जाने के दिन से।

बड़ी लड़की : मेरे जाने के दिन से ?

लड़का : महसूस शायद पहले भी करता था, पर सोचना तभी से शुरू किया है।

बड़ी लड़की : और सोचकर जाना है कि...

लड़का : एक खास चीज़ है इस घर के अन्दर जो...

बड़ी लड़की : *(अस्थिर होकर)* तू भी यही कहता है ?

लड़का : और कौन कहता है ?

बड़ी लड़की : कोई भी...पर कौन-सी चीज़ है वह ?

लड़का : *(स्थिर दृष्टि से उसे देखता)* तू नहीं जानती ?

बड़ी लड़की : *(आँखें बचाती)* मैं ? मैं कैसे ?

लड़का : तुझसे तो मैंने जाना है उसे, और तू कहती है, तू कैसे ?

बड़ी लड़की : तूने मुझसे जाना है उसे ?—मैं नहीं समझी ?

लड़का : ठीक है, ठीक है। उस चीज़ को जानकर भी न जानना ही बेहतर है शायद। पर दूसरे को धोखा दे भी ले आदमी, अपने आपको कैसे दे ?

बड़ी लड़की इस तरह हो जाती है कि उसका हाथ ठीक से स्लाइस पर मक्खन नहीं लगा पाता।

बड़ी लड़की : तू तो बस हमेशा ही...देख, ऐसा है कि...मैं कह रही थी तुझसे कि...भई, यह डब्बा खुलाकर ला पहले कहीं से। यह अगर नहीं खुलेगा, तो...

लड़का : हाथ काँप क्यों रहा है तेरा ? *(डब्बा लेता)* अभी खुला जाता है यह। तेज़ औज़ार चाहिए...एक मिनट नहीं लगेगा।

बाहर के दरवाज़े से चला जाता है। बड़ी लड़की काम जारी रखने की कोशिश करती है, पर हाथ

नहीं चलते, तो छोड़ देती है।

बड़ी लड़की : *(माथे पर हाथ फेरती, शिथिल स्वर में)* कैसे कहता है यह ?...मैं सचमुच जानती हूँ क्या ?

सिर को झटक लेती है–जैसे अन्दर एक बवंडर उठ रहा हो। कोशिश से अपने को सहेजकर उठ पड़ती है और अन्दर के दरवाज़े के पास जाकर आवाज़ देती है :

किन्नी !

जवाब नहीं मिलता, तो एक बार अन्दर झाँककर लौट आती है।

कहाँ चली जाती है ? सुबह स्कूल जाने से पहले रोना कि जब तक चीज़ें नहीं आएँगी, नहीं जाएगी। और अब दिन-भर पता ही नहीं, कब घर में है, कब बाहर है।

लड़का बाहर के दरवाज़े से छोटी लड़की को अन्दर धकेलता है।

लड़का : चल अन्दर।

छोटी लड़की अपने को बचाकर बाहर भाग जाना चाहती है, पर वह उसे बाँह से पकड़ लेता है।

कहा है, अन्दर चल।

बड़ी लड़की : *(ताव से)* यह क्या हो रहा है ?

छोटी लड़की : देख लो बिन्नी-दी यह मुझे...

झटके से बाँह छुड़ाने की कोशिश करती है, पर लड़का उसे सख्ती से खींचकर अन्दर ले आता है।

लड़का : इधर आ ना, पता चलता है तुझे।

बड़ी लड़की पास आकर छोटी लड़की की बाँह छुड़ाती है।

लड़का : छोड़ दे इसे। किया क्या है इसने जो... ?

लड़का : *(डब्बा उसे देता)* यह डब्बा ले। खुल गया है *(छोटी लड़की पर तमाचा उठाकर)* इसे तो मैं अभी...।

बड़ी लड़की : *(उसका हाथ रोकती)* सिर फिर गया है तेरा ?

लड़का : फिरा नहीं, फिर जाएगा।...बाई जॉब !

बड़ी लड़की : क्या बात हुई है ?

लड़का : इससे पूछ, क्या बात हुई है।...माई गॉड !

बड़ी लड़की : क्या बात हुई है, किन्नी ? क्या कर रही थी तू ?

छोटी लड़की जवाब न देकर सुबकने लगती है।

बता न, क्या कर रही थी ?

छोटी लड़की चुपचाप सुबकती रहती है।

लड़का : कर नहीं, कह रही थी किसी से कुछ।

बड़ी लड़की : क्या ?

लड़का : इसी से पूछ।

बड़ी लड़की : *(छोटी लड़की से)* बोलती क्यों नहीं ? ज़बान सिल गई है तेरी ?

लड़का : सिल नहीं, थक गई है। बताने में कि औरतें और मर्द किस तरह आपस में...

बड़ी लड़की : क्या ???

लड़का : पूछ ले इससे। अभी बता देगी तुझे सब...जो सुरेखा को बता रही थी बाहर।

छोटी लड़की : *(सुबकने के बीच)* वह बता रही थी मुझे कि मैं उसे बता रही थी ?

लड़का : तू बता रही थी।

छोटी लड़की : वह बता रही थी।

लड़का : तू बता रही थी। अचानक मुझ पर नज़र पड़ी कि मैं पीछे खड़ा सुन रहा हूँ, तो...

छोटी लड़की : सुरेखा भागी थी कि मैं भागी थी ?

लड़का : तू भागी थी।

छोटी लड़की : सुरेखा भागी थी।

लड़का : तू भागी थी और मैंने पकड़ लिया दौड़कर, तो लगी चिल्लाकर आसपास को सुनाने कि यह ममा से मेरी शिकायतें करता है और ममा घर पर नहीं हैं, इसलिए मैं इसे पीट रहा हूँ।

बड़ी लड़की : *(छोटी लड़की से)* यह सच कह रहा है ?

छोटी लड़की : बात सुरेखा ने शुरू की थी। वह बता रही थी कि कैसे उसके मम्मी-डैडी...

बड़ी लड़की : *(सख़्त पड़कर)* और तुझे शौक है जानने का कि कैसे उसके मम्मी-डैडी आपस में... ?

लड़का : आपस में नहीं। यही तो बात थी ख़ास।

बड़ी लड़की : चुप रह, अशोक !

छोटी लड़की : इससे कभी कुछ नहीं कहता कोई। रोज़ किसी-न-किसी बात पर मुझे पीट देता है।

बड़ी लड़की : क्यों पीट देता है ?

छोटी लड़की : क्योंकि मैं अपनी सब चीज़ें इसे नहीं ले जाने देती उसे देने।

बड़ी लड़की : किसे देने ?

छोटी लड़की : वह जो है इसकी...कभी मेरी बर्थडे प्रेज़ेंट की चूड़ियाँ दे आता है उसे, कभी मेरा प्राइज़ का फाउंटेनपेन। मैं अगर ममा से कह देती हूँ, तो अकेले में मेरा गला दबाने लगता है।

बड़ी लड़की : *(लड़के से)* किसकी बात कर रही है यह ?

लड़का : ऐसे ही बक रही है। झूठ-मूठ।

छोटी लड़की : झूठ-मूठ ? मेरी फ़ाउंटेनपेन तेरी वर्णा के पास नहीं है ?

बड़ी लड़की : वर्णा कौन ?

छोटी लड़की : वही उद्योग सेंटरवाली, जिसके पीछे जूतियाँ चटकाता फिरता है।

लड़का : *(फिर से उसे पकड़ने को होकर)* तू ठहर जा, आज मैं तेरी जान निकालकर रहूँगा।

छोटी लड़की उससे बचने के लिए इधर-उधर भागती है। लड़का उसका पीछा करता है।

बड़ी लड़की : अशोक !

लड़का : आज मैं नहीं छोड़ने का इसे। इसकी ज़बान जिस तरह खुल गई है उससे...

छोटी लड़की रास्ता पाकर बाहर के दरवाज़े से निकल जाती है।

छोटी लड़की : *(जाती हुई)* वर्णा उद्योग सेंटरवाली...वर्णा उद्योग सेंटरवाली ! ...वर्णा उद्योग सेंटरवाली !!

लड़का उसके पीछे बाहर जाने ही लगता है कि अचानक स्त्री को अन्दर आते देखकर ठिठक जाता है। स्त्री अन्दर आती है जैसे वहाँ की किसी चीज़ से उसे मतलब ही नहीं है। वातावरण के प्रति उदासीनता के अतिरिक्त चेहरे पर संकल्प और असमंजस का मिला-जुला भाव। उन लोगों की ओर न देखकर वह हाथ का सामान परे की एक कुर्सी पर रखती है। लड़का अपने को एक भोंडी स्थिति में पाता है, इस चीज़ उस चीज़ को छूकर देखने लगता है। बड़ी लड़की प्लेट, स्लाइसें और चीज़ का डब्बा लिए अहाते के दरवाज़े की तरफ चल देती है।

बड़ी लड़की : *(स्त्री के पास से गुज़रती)* मैं चाय लेकर आती हूँ अभी।

स्त्री : मुझे नहीं चाहिए।

बड़ी लड़की : एक प्याली ले लेना।

चली जाती है। स्त्री कमरे के बिखराव पर एक नज़र डालती है, पर सिवाय अपने साथ लाई चीज़ों को यथास्थान रखने के और किसी चीज़ को हाथ नहीं लगाती। बड़ी लड़की लौटकर आती है।

(पत्ती का ख़ाली पैकेट दिखाती) पत्ती ख़त्म हो गई है।

स्त्री : मैं नहीं लूँगी चाय।

बड़ी लड़की : सबके लिए बना रही हूँ, एक-एक प्याली।

लड़का : मेरे लिए नहीं।

बड़ी लड़की : क्यों ? पानी रख रही हूँ, सिर्फ पत्ती लानी है...।

लड़का : अपने लिए बनानी है, बना ले।

बड़ी लड़की : मैं अकेले पिऊँगी ? इतने चाव से चीज़-सैंडविच बना रही हूँ।

लड़का : मेरा मन नहीं है।

स्त्री : मुझे चाय के लिए बाहर जाना है किसी के साथ।

बड़ी लड़की : तो तुम घर पर नहीं रहोगी इस वक़्त ?

स्त्री : नहीं। जगमोहन आएगा लेने।

बड़ी लड़की : यहाँ आएँगे वे ?

स्त्री : लेने आएगा। क्यों ?

बड़ी लड़की : वे भी आनेवाले हैं अभी...जुनेजा अंकल।

स्त्री : उनका कैसे पता है, आनेवाले हैं ?

बड़ी लड़की : अशोक ने फोन किया था। कह रहे थे, कुछ बात करनी है।

स्त्री : लेकिन मुझे कोई बात नहीं करनी उनसे।

बड़ी लड़की : फिर भी जब वे आएँगे ही, तो...

स्त्री : कह देना, मैं घर नहीं हूँ। पता नहीं, कब लौटूँगी।

बड़ी लड़की : कहें, इन्तज़ार करते हैं, तो ?

स्त्री : करने देना इन्तज़ार।

कबर्ड से दो-तीन पर्स निकालकर देखती है कि उनमें से कौन-सा साथ रखना चाहिए। बड़ी लड़की एक नज़र लड़के को देख लेती है जो लगता है किसी तरह वहाँ से जाने का बहाना ढूँढ़ रहा है।

बड़ी लड़की : *(एक पर्स को छूकर)* यह अच्छा है इनमें।...कब तक सोचती हो लौट आओगी ?

स्त्री : *(उस पर्स को रखकर दूसरा निकालती)* पता नहीं। बात करने में देर भी हो सकती है।

बड़ी लड़की : *(उस पर्स के लिए)* यह और भी अच्छा है।...। अगर पूछें कहाँ गई हैं, किसके साथ गई हैं ?

स्त्री : कहना बताया नहीं...या बता देना जगमोहन आया था लेने। *(एक नज़र फिर कमरे में डालकर)* कितना गंदा पड़ा है !

बड़ी लड़की : समेट रही हूँ। *(व्यस्त होती)* बताना ठीक होगा उन्हें ?

स्त्री : क्यों ?

बड़ी लड़की : ऐसे ही वे जाकर डैडी को बतलाएँगे खामख्वाह...।

स्त्री : तो क्या होगा ? *(कुछ चीज़ें खुद उठाकर उसे देती)* अन्दर रख आ अभी।

बड़ी लड़की : होगा यही कि...

स्त्री : एक आदमी के साथ चाय पीने जा रही हूँ मैं, कहीं चोरी करने तो नहीं।

बड़ी लड़की : तुम्हें पता ही है, डैडी जगमोहन अंकल को...

स्त्री : पसन्द भी करते हैं तेरे डैडी किसी को ?

बड़ी लड़की : फिर भी थोड़ा जल्दी आ सको तुम, तो...

स्त्री : मुझे उससे कुछ ज़रूरी बात करनी है। उसे कोई काम थे शाम को जो उसने मेरी ख़ातिर कैंसिल किए हैं। बेकार आदमी नहीं है वह कि जब चाहा बुला लिया, जब चाहा कह दिया जाओ अब।

लड़का अस्थिर भाव से टहलता दरवाज़े के पास पहुँच जाता है।

लड़का : मैं ज़रा जा रहा हूँ, बिन्नी !

बड़ी लड़की : तू भी ?...तू कहाँ जा रहा है ?

लड़का : यहीं तक ज़रा। आ जाऊँगा थोड़ी देर में।

बड़ी लड़की : तो जुनेजा अंकल के आने पर मैं... ?

लड़का : आ जाऊँगा तब तक शायद।

बड़ी लड़की : शायद ?

लड़का : नहीं...आ ही जाऊँगा।

चला जाता है।

बड़ी लड़की : *(पीछे से)* सुन। *(दरवाज़े की तरफ बढ़ती)* अशोक !

लड़का नहीं रुकता तो होंठ सिकोड़े स्त्री की तरफ़ लौट आती है।

कम-से-कम पत्ती लेकर तो दे जाता।

स्त्री : *(जैसे कहने से पहले तैयारी करके)* तुमसे एक बात कहना चाहती थी।

बड़ी लड़की : यह सब छोड़ आऊँ अन्दर। वहाँ भी कितना कुछ बिखरा है। सोचती हूँ, जगमोहन अंकल के आने से पहले...।

स्त्री : मुझे ज़रा-सी ही बात करनी है।

बड़ी लड़की : बताओ।

स्त्री : अगली बार आने पर मैं तुझे यहाँ न मिलूँ शायद।

बड़ी लड़की : कैसी बात कर रही हो ?

स्त्री : जगमोहन को आज मैंने इसीलिए फोन किया था।

बड़ी लड़की : तो ?

स्त्री : तो‛अब जो भी हो। मैं जानती थी एक दिन आना ही है ऐसा।

बड़ी लड़की : तो तुमने पूरी तरह सोच लिया है कि...

स्त्री : *(हलके से आँखें मूँदकर)* बिलकुल सोच लिया है। *(आँखें झपकाती)* जा तू अब।

बड़ी लड़की पल-भर चुपचाप उसे देखती खड़ी रहती है। फिर सोचते भाव से अन्दर को चल देती है।

बड़ी लड़की : *(चलते-चलते)* और सोच लेतीं थोड़ा...।

चली जाती है

स्त्री : कब तक और ?

गले की माला को उँगली में लपेटते हुए झटके लगने से माला टूट जाती है। परेशान होकर वह माला को उतार देती है और जाकर कबर्ड से दूसरी माला निकाल लेती है।

साल पर साल...इसका यह हो जाए, उसका वह हो जाए।

मालाओं का डब्बा रखकर कबर्ड को बन्द करना चाहती है, पर बीच की चीज़ों के अव्यवस्थित हो जाने से कबर्ड ठीक से बन्द नहीं होता।

एक दिन...दूसरा दिन !

नहीं ही बन्द होता, तो उसे पूरा खोलकर झटके से बन्द करती है।

एक साल...दूसरा साल !

कबर्ड के नीचे रखे जूते-चप्पलों को पैर से टटोलकर एक चप्पल निकालने की कोशिश करती है; पर

दूसरा पैर नहीं मिलता, तो सबको ठोकरें लगाकर पीछे हटा देती है।

अब भी और सोचूँ थोड़ा !

ड्रेसिंग टेबल के सामने चली जाती है। कुछ पल असमंजस में रहती है कि वहाँ क्यों आई है। फिर ध्यान हो आने से आईने में देखकर माला पहनने लगती है। पहनकर अपने को ध्यान से देखती है। गरदन उठाकर और खाल को मसलकर चेहरे की झुर्रियाँ निकालने की कोशिश करती है।

कब तक... ? क्यों ?

फिर समझ में नहीं आता कि क्या करना है। ड्रेसिंग टेबल की कुछ चीज़ों को ऐसे ही उठाती-रखती है। क्रीम की शीशी हाथ में आ जाने पर पल-भर उसे देखती रहती है। फिर खोल लेती है।

घर दफ़्तर...घर दफ़्तर !

क्रीम चेहरे पर लगाते हुए ध्यान आता है कि वह इस वक़्त नहीं लगानी थी। उसे तौलिए से पोंछकर एक और शीशी उठा लेती है। उसमें से लोशन रुई पर लेकर सोचती है। कहाँ लगाए और कहीं का नहीं सूझता, तो उससे कलाइयाँ साफ करने लगती है।

सोचो...सोचो।

ध्यान सिर के बालों में अटक जाता है। अनमनेपन में लोशनवाली रुई सिर पर लगाने लगती है, पर बीच में ही हाथ रोककर उसे अलग रख देती है। उँगलियों से टटोलकर देखती है कि कहाँ सफ़ेद बाल ज़्यादा नज़र आ रहे हैं। कंघी ढूँढ़ती है, पर वह मिलती नहीं। उतावली में सभी ख़ाने-दराज़ें देख डालती है। आख़िर कंघी वहीं तौलिए के नीचे से मिल जाती है।

चख्-चख्...किट्-किट्...चख्-चख्...किट्-किट्। क्या सोचो ?

कंघी से सफेद बालों को ढँकने लगती है। ध्यान आँखों की झाँइयों पर चला जाता है तो कंघी रखकर उन्हें सहलाने लगती है। तभी पुरुष-तीन बाहर के दरवाज़े से आता है...सिगरेट के कश खींचकर छल्ले बनाता है। स्त्री उसे नहीं देखती, तो वह राख झाड़ने के लिए तिपाई पर रखी ऐश-ट्रे की तरफ़ बढ़ जाता है। स्त्री पाउडर की डब्बी खोल आँखों के नीचे पाउडर लगाती है। डब्बीवाला हाथ काँप जाने से थोड़ा पाउडर बिखर जाता है।

(उसाँस के साथ) कुछ मत सोचो।

उठ खड़ी होती है, एक बार अपने को अच्छी तरह आईने में देख लेती है। पुरुष-तीन पहले सिगरेट से दूसरा सिगरेट सुलगाता है।

होने दो जो होता है।

सोफे की तरफ मुड़ती ही है कि पुरुष-तीन पर नज़र पड़ने से ठिठक जाती है, आँखों में एक चमक भर आती है।

पुरुष-तीन : *(काफी कोमल स्वर में)* हलो, कुकू !

स्त्री : अरे ! पता ही नहीं चला तुम्हारे आने का।

पुरुष-तीन : मैंने देखा, अपने से ही बात कर रही हो कुछ। इसलिए...।

स्त्री : इन्तज़ार में ही थी मैं। तुम सीधे आ रहे हो दफ़्तर से ?

पुरुष-तीन कश खींचकर छल्ले बनाता है।

पुरुष-तीन : सीधा ही समझो।

स्त्री : समझो यानी कि नहीं।

पुरुष-तीन : नाउ-नाउ।...दो मिनट रुका बस, पोल स्टार में। एक डिजाइन देना था उनका। फिर घर जाकर नहाया और सीधा...।

स्त्री : सीधा कहते हो इसे ?

पुरुष-तीन : *(छल्ले बनाता)* तुम नहीं बदली बिलकुल। उसी तरह डाँटती हो आज भी। पर बात इतनी-सी है कुकू डियर, कि दफ़्तर के कपड़ों में सारी शाम उलझन होती इसलिए सोचा कि...

स्त्री : लेकिन मैंने कहा नहीं था, बिलकुल सीधे आना ? बिना एक मिनट भी ज़ाया किए ?

पुरुष-तीन : ज़ाया कहाँ किया एक मिनट भी ? पोल स्टार में तो...

स्त्री : रहने दो अब। तुम्हारी बहानेबाज़ी नई चीज़ नहीं है मेरे लिए।

पुरुष-तीन : *(सोफे पर बैठता है)* कह लो जो जी चाहे। बिना वजह लगाम खींचे जाना मेरे लिए भी नई चीज़ नहीं है।

स्त्री : बैठ रहे हो—चलना नहीं ?

पुरुष-तीन : एक मिनट। चल ही रहे हैं बस। बैठो।

स्त्री अनमने ढंग से सोफे पर बैठ जाती है।

जिस तरह फोन किया तुमने अचानक, उससे मुझे कहीं लगा कि...

स्त्री की आँखें उमड़ आती हैं।

स्त्री : *(उसके हाथ पर हाथ रखकर)* जोग !

पुरुष-तीन : *(हाथ सहलाता)* क्या बात है, कुकू ?

स्त्री : मैं वहाँ पहुँच गई हूँ जहाँ पहुँचने से डरती रही हूँ ज़िन्दगी-भर। मुझे आज लगता है कि...

पुरुष-तीन : *(हाथ पर हलकी थपकियाँ देता)* परेशान नहीं होते इस तरह।

स्त्री : मैं सच कह रही हूँ। आज अगर तुम मुझसे कहो कि...।

पुरुष-तीन : *(अन्दर की तरफ देखकर)* घर पर कोई नहीं है ?

स्त्री : बिन्नी है अन्दर।

हाथ हटा लेता है।

पुरुष-तीन : यहीं है वह ? उसका तो सुना था कि...

स्त्री : हाँ ! पर आई हुई है कल से।

पुरुष-तीन : तब का देखा है उसे। कितने साल हो गए !

स्त्री : अब आ ही रही होगी बाहर।...देखो, तुमसे बहुत-बहुत बातें करनी हैं मुझे आज।

पुरुष-तीन : मैं सुनने के लिए ही तो आया हूँ। फोन पर तुम्हारी आवाज़ से ही मुझे लग गया था कि...

स्त्री : मैं बहुत...वो थी उस वक़्त।

पुरुष-तीन : वह तो इस वक़्त भी हो।

स्त्री : तुम कितनी अच्छी तरह समझते हो मुझे...कितनी अच्छी तरह ! इस वक़्त मेरी जो हालत है अन्दर से...।

स्वर भर्रा जाता है।

पुरुष-तीन : प्लीज़ !

स्त्री : जोग !

पुरुष-तीन : बोलो !

स्त्री : तुम जानते हो, मैं...एक तुम्हीं हो जिस पर मैं...

पुरुष-तीन : कहती क्यों हो ? कहने की बात है यह ?

स्त्री : फिर भी मुँह से निकल जाती है। देखो, ऐसा है कि...नहीं। बाहर चलकर ही बात करूँगी।

पुरुष-तीन : एक सुझाव है मेरा।

स्त्री : बताओ।

पुरुष-तीन : बात यहीं कर लो जो करनी है। उसके बाद...

स्त्री : ना-ना। यहाँ नहीं।

पुरुष-तीन : क्यों ?

स्त्री : यहाँ हो नहीं सकेगी बात मुझसे। हाँ, तुम कुछ वैसा समझते हो बाहर चलने में मेरे साथ, तो...

पुरुष-तीन : कैसी बात करती हो ? तुम जहाँ भी कहो, चलते हैं। मैं तो इसीलिए कह रहा था कि...

स्त्री : मैं जानती हूँ सब। तुम्हारी बात ग़लत नहीं समझती मैं कभी।

पुरुष-तीन : तो बताओ, कहाँ चलोगी ?

स्त्री : जहाँ भी ठीक समझो तुम।

पुरुष-तीन : मैं ठीक समझूँ ? हमेशा तुम्हीं नहीं तय किया करती थीं ?

स्त्री : गिंज़ा कैसा रहेगा ?...वहाँ वही कोनेवाली टेबल खाली मिल जाए शायद।

पुरुष-तीन : पूछो नहीं। यह कहो—गिंज़ा।

स्त्री : या यॉर्क्स ?...वहाँ इस वक़्त ज़्यादा लोग नहीं होते।

पुरुष-तीन : मैंने कहा न...

स्त्री : अच्छा, उस छोटे रेस्तराँ में चलें जहाँ के कबाब तुम्हें बहुत पसन्द हैं ? मैं तब के बाद कभी वहाँ नहीं गई।

पुरुष-तीन : *(हिचकिचाहट के साथ)* वहाँ ? जाता नहीं वैसे मैं वहाँ अब।...पर तुम्हारा वहीं के लिए मन हो तो चल भी सकते हैं।

स्त्री : देखो एक बात तो बता ही दूँ तुम्हें चलने से पहले।

पुरुष-तीन : *(छल्ले छोड़ता)* क्या बात ?

स्त्री : मैंने...कल एक फैसला कर लिया है मन में।

पुरुष-तीन : हँ, हाँ ?

स्त्री : वैसे उन दिनों भी सुनी होगी तुमने ऐसी बात मेरे मुँह से...पर इस बार सचमुच कर लिया है।

पुरुष-तीन : *(जैसे बात को आत्मसात करता)* हूँ।

पल-भर की खामोशी जिसमें वह कुछ सोचता हुआ इधर-उधर देखता है फिर जैसे किसी किताब पर आँख अटक जाने से उठकर शेल्फ की चरफ चला जाता है।

स्त्री : उधर क्यों चले गए ?

पुरुष-तीन : *(शेल्फ से किताब निकालता)* ऐसे ही।...यह किताब देखना चाहता था ज़रा।

स्त्री : तुम्हें शायद विश्वास नहीं आया मेरी बात पर ?

पुरुष-तीन : सुन रहा हूँ मैं।

स्त्री : मेरे लिए पहले भी असम्भव था यहाँ यह सब सहना। तुम जानते ही हो। पर अब आकर बिलकुल-बिलकुल असम्भव हो गया है।

पुरुष-तीन : *(पन्ने पलटता)* तो मतलब है कि... ?

स्त्री : ठीक सोच रहे हो तुम।

पुरुष-तीन : *(किताब वापस रखता)* हूँ !

स्त्री उठकर उसकी तरफ आती है।

स्त्री : मैं तुम्हें बता नहीं सकती कि मुझे हमेशा कितना अफसोस रहा है इस बात का कि मेरी वजह से तुम्हें भी...तुम्हें भी इतनी तकलीफ़ उठानी पड़ी है ज़िन्दगी में।

पुरुष-तीन : *(अपनी गरदन सहलाता)* देखो...सच पूछो, तो मैं अब ज़्यादा सोचता ही नहीं इस बारे में।

टहलता हुआ उसके पास से आगे निकल आता है।

स्त्री : मुझे याद है तुम कहा करते थे, 'सोचने से कुछ होना हो, तब तो सोचे भी आदमी।'

पुरुष-तीन : हाँ...वही तो।

स्त्री : पर यह भी कि 'कल और आज में फर्क होता है।' होता है न ?

पुरुष-तीन : हाँ...होता है। बहुत-बहुत।

स्त्री : इसीलिए कहना चाहती हूँ तुमसे कि...।

बड़ी लड़की अन्दर से आती है।

बड़ी लड़की : ममा, अन्दर जो कपड़े इस्तरी के लिए रखे हैं... *(पुरुष-तीन को देखकर)* हलो अंकल !

पुरुष-तीन : हलो, हलो !...अरे वाह ! यह तू ही है क्या ?

बड़ी लड़की : आपको क्या लगता है ?

पुरुष-तीन : इतनी-सी थी तू तो ! *(स्त्री से)* कितनी बड़ी नज़र आने लगी अब !

स्त्री : हाँ...यह चेहरा निकल आया है !

पुरुष-तीन : उन दिनों फ्राक पहना करती थी...।

बड़ी लड़की : *(सकुचाती)* पता नहीं किन दिनों !

पुरुष-तीन : याद है, कैसे मेरे हाथ पर काटा था इसने एक बार ? बहुत ही शैतान थी।

स्त्री : *(सिर हिलाकर)* धरी रह जाती है सारी शैतानी आख़िर।

बड़ी लड़की : बैठिए आप। मैं अभी आती हूँ उधर से।

अहाते के दरवाज़े की तरफ चल देती है।

पुरुष-तीन : भाग कहाँ रही है ?

बड़ी लड़की : आ रही हूँ बस।

चली जाती है।

पुरुष-तीन : कितनी गदराई हुई लड़की थी ! गाल इस तरह फूले-फूले थे कि...

स्त्री : सब पिचक जाते हैं गाल-वाल !

पुरुष-तीन : पर मैंने तो सुना था कि...अपनी मर्ज़ी से ही इसने...?

स्त्री : हाँ, अपनी मर्ज़ी से ही। अपनी मर्ज़ी का ही तो फल है यह कि...

पुरुष-तीन : बात लेकिन काफी बड़प्पन से करती है।

स्त्री : यह उम्र और इतना बड़प्पन ?...हाँ, तो चलें अब फिर ?

पुरुष-तीन : जैसा कहो।

स्त्री : *(अपने पर्स में रूमाल ढूँढ़ती)* कहाँ गया ? *(रूमाल मिल जाने से पर्स बन्द करती है।)* है यह इसमें...तो कब तक लौट आऊँगी मैं ? इसलिए पूछ रही हूँ कि उसी तरह कह जाऊँ इससे ताकि...

पुरुष-तीन : तुम पर है यह। जैसा भी कह दो।

स्त्री : कह देती हूँ—शायद देर हो जाए मुझे। कोई आनेवाला है, उसे भी बता देगी।

पुरुष-तीन : कोई और आनेवाला है ?

स्त्री : जुनेजा। वही आदमी जिसकी वजह से...तुम जानते ही हो सब।

(अहाते की तरफ देखती) बिन्नी ! *(जवाब न मिलने से)* बिन्नी !...कहाँ चली गई यह ?

अहाते के दरवाज़े से जाकर उधर देख लेती है और कुछ उत्तेजित-सी होकर लौट आती है।

पता नहीं कहाँ चली गई यह लड़की भी अब... !

पुरुष-तीन : इन्तज़ार कर लो।

स्त्री : नहीं, वह आदमी आ गया, तो मुश्किल हो जाएगी। मुझे

बहुत ज़रूरी बात करनी है तुमसे। आज ही। अभी।

पुरुष-तीन : *(नया सिगरेट सुलगाता)* तो ठीक है। एट योर डिस्पोज़ल।

स्त्री : *(इस तरह कमरे को देखती जैसे कि कोई चीज़ वहाँ छूटी जा रही हो)* हाँ...आओ।

पुरुष-तीन : *(चलते-चलते रुककर)* लेकिन...घर इस तरह अकेला छोड़ जाओगी ?

स्त्री : नहीं, अभी आ जाएगा कोई-न-कोई।

पुरुष-तीन : *(छल्ले छोड़ता)* तुम्हारे ऊपर है। जैसा भी ठीक समझो।

स्त्री : *(फिर एक नज़र कमरे पर डालकर)* मेरे लिए तो...आओ।

पुरुष-तीन पहले निकल जाता है। स्त्री फिर से पर्स खोलकर उसमें कोई चीज़ ढूँढ़ती पीछे-पीछे। कुछ क्षण मंच खाली रहता है। फिर बाहर से छोटी लड़की के सिसककर रोने का स्वर सुनाई देता है। वह रोती हुई अन्दर आकर सोफे पर औंधी हो जाती है। फिर उठकर कमरे के खालीपन पर नज़र डालती है और उसी तरह रोती-सिसकती अन्दर के कमरे में चली जाती है। मंच फिर दो-एक क्षण खाली रहता है। उसके बाद बड़ी लड़की चाय की ट्रे लिए अहाते के दरवाज़े से आती है।

बड़ी लड़की : अरे ! चले भी गए ये लोग ?

ट्रे डाइनिंग टेबल पर छोड़कर बाहर के दरवाज़े तक आती है, एक बार बाहर देख लेती है और कुछ क्षण अन्तर्मुख भाव से वहीं रुकी रहती है। फिर अपने को झटककर वापस डाइनिंग टेबल की तरफ चल देती है।

कैसे पथरा जाता है सिर कभी-कभी।

रास्ते में ड्रेसिंग टेबल के बिखराव को देखकर रुक जाती है और जल्दी से वहाँ की चीज़ों को सहेज देती है।

ज़रा ध्यान न दे आदमी...जंगल हो जाता है सब।

वहाँ से हटकर डाइनिंग टेबल के पास आ जाती है और अपने लिए चाय की प्याली बनाने लगती है। छोटी लड़की उसी तरह सिसकती अन्दर से आती है।

छोटी लड़की : जब नहीं हो-होना होता, तो सब लोग होते हैं सिर पर। और जब हो-होना होता है तो कोई भी नहीं दि-दिखता कहीं।

बड़ी लड़की चाय बनाना बीच में छोड़कर उसकी तरफ बढ़ आती है।

बड़ी लड़की : किन्नी ! यह फिर क्या हुआ तुझे ? बाहर से कब आई तू ?

छोटी लड़की : कब आई मैं ! यहाँ पर को-कोई भी क्यों नहीं था ? तु-तुम भी कहाँ थीं थोड़ी देर पहले ?

बड़ी लड़की : मैं चाय की पत्ती लाने चली गई थी।...किसने, अशोक ने मारा है तुझे ?

छोटी लड़की : वह भी क-कहाँ था इस वक़्त ? मेरे कान खींचने के लिए तो पता नहीं क-कहाँ से चला आएगा। पर ज-जब सुरेखा की ममी से बात करने की बात थी, त-तो...

बड़ी लड़की : सुरेखा की ममी ने कुछ कहा है तुझसे ?

छोटी लड़की : ममा कहाँ हैं ? मुझे उन्हें स-साथ लेकर जाना है वहाँ।

बड़ी लड़की : कहाँ ? सुरेखा के घर ?

छोटी लड़की : सुरेखा की ममी बुला रही हैं उन्हें। कहती हैं, अभी ले-लेकर आ।

बड़ी लड़की : पर किस बात के लिए ?

छोटी लड़की : अशोक को देख लिया था सबने हम लोगों को डाँटते। सुरेखा की ममी ने सुरेखा को घ-घर में ले जाकर पीटा, तो उसने...उसने म-मेरा नाम लगा दिया।

बड़ी लड़की : क्या कहा ?

छोटी लड़की : कि मैं सिखाती हूँ उसे वे सब ब-बातें।

बड़ी लड़की : अच्छा...तो ?

छोटी लड़की : तो...सुरेखा की ममी ने मुझे बुलाकर इस तरह डाँटा है जैसे...पहले बताओ, ममा कहाँ हैं ? मैं उन्हें अभी

स-साथ लेकर जाऊँगी। क-कहती हैं, मैं उनकी लड़की को बिगाड़ रही हूँ। और भी बु-बुरी बातें हमारे घर को लेकर।

बड़ी लड़की : हमारे घर में किसे लेकर ?

छोटी लड़की : सभी को। तु-तुम्हें। अशोक को। डैडी को। म-ममा को। तुम बतातीं क्यों नहीं, ममा कहाँ हैं ?

बड़ी लड़की : ममा बाहर गई हैं।

छोटी लड़की : बाहर कहाँ ?

बड़ी लड़की : तुझे सब जगह का पता है कि कहाँ-कहाँ जाया जा सकता है बाहर ?

छोटी लड़की : *(और बिफरती)* तु-तुम भी मुझी को डाँट रही हो ? ममा नहीं हैं तो तुम चलो मेरे साथ।

बड़ी लड़की : मैं नहीं चल सकती।

छोटी लड़की : *(ताव में)* क्यों नहीं चल सकतीं ?

बड़ी लड़की : नहीं चल सकती, कह दिया न।

छोटी लड़की : *(उसे परे धकेलती)* मत चलो, नहीं चल सकतीं तो।

बड़ी लड़की : *(गुस्से से)* किन्नी !

छोटी लड़की : बात मत करो मुझसे। किन्नी !

बड़ी लड़की : तुझे बिलकुल तमीज़ नहीं है क्या ?

छोटी लड़की : नहीं है मुझे तमीज़।

बड़ी लड़की : देख, तू मुझसे ही मार खा बैठेगी आज।

छोटी लड़की : मार लो न तुम।...इनसे ही म-मार खा बैठूँगी आज।

बड़ी लड़की : तू इस वक़्त अपना यह रोना बन्द करेगी या नहीं ?

छोटी लड़की : नहीं बन्द करूँगी।...रोना बन्द करेगी या नहीं ?

बड़ी लड़की : तो ठीक है। रोती रह बैठकर।

छोटी लड़की : रो-रोती रह बैठकर।

अहाते के पीछे से दरवाज़े की कुंडी खटखटाने की आवाज़ सुनाई देती है।

बड़ी लड़की : *(उधर देखकर)* यह...यह इंधर से कौन आया हो सकता है इस वक़्त ?

जल्दी से अहाते के दरवाज़े से चली जाती है। छोटी

लड़की विद्रोह के भाव से कुर्सी पर जम जाती है।

बड़ी लड़की पुरुष-चार के साथ वापस आती है।

बड़ी लड़की : *(आती हुई)* मैंने सोचा कि कौन हो सकता है जो पीछे का दरवाज़ा खटखटाए। आपका पता था, आप आनेवाले हैं। पर आप तो हमेशा आगे के दरवाज़े से ही आते हैं, इसलिए...।

पुरुष-चार : मैं उसी दरवाज़े से आता, लेकिन...*(छोटी लड़की को देखकर)* इसे क्या हुआ है ? इस तरह क्यों बैठी है वहाँ ?

बड़ी लड़की : *(छोटी लड़की से)* जुनेजा अंकल आए हैं, इधर आकर बात तो कर इनसे।

छोटी लड़की मुँह फेरकर कुर्सी की पीठ पर बैठकर बाँह फैला लेती है।

पुरुष-चार : *(छोटी लड़की के पास आता)* अरे ! यह तो रो रही है। *(उसके सिर पर हाथ फेरता)* क्यों, क्या हुआ मुनिया को ? किसने नाराज़ कर दिया ? *(पुचकारता)* उठो बेटे, इस तरह अच्छा नहीं लगता। अब आप बड़े हो गए हैं, इसलिए...।

छोटी लड़की : *(सहसा उठकर बाहर को चलती)* हाँ...बड़े हो गए हैं। पता नहीं किस वक़्त छोटे हो जाते हैं, किस वक़्त बड़े हो जाते हैं ! *(बाहर के दरवाज़े के पास से)* हम नहीं लौटकर आएँगे अब...जब तक ममा नहीं आ जातीं।

चली जाती है।

पुरुष-चार : *(लौटकर बड़ी लड़की की तरफ़ आता)* सावित्री बाहर गई है ?

बड़ी लड़की सिर्फ सिर हिला देती है।

मैं थोड़ी देर पहले आ गया था। बाहर सड़क पर न्यू इंडिया की गाड़ी खड़ी देखी, तो कुछ देर पीछे को घूमने निकल गया। तेरे डैडी ने बताया था, जगमोहन आजकल यहीं है—फिर से ट्रांसफर होकर आ गया है।...वह ऐसे ही आया था मिलने, या...?

बड़ी लड़की : ममा को पता होगा। मैं नहीं जानती।

पुरुष-चार : अशोक ने ज़िक्र नहीं किया मुझसे। उसे भी पता नहीं होगा शायद।

बड़ी लड़की : अशोक मिला है आपसे ?

पुरुष-चार : बस-स्टाप पर खड़ा था। मैंने पूजा, तो बोला कि आप ही के यहाँ जा रहा हूँ—डैडी का हालचाल पता करने। कहने लगा, आप भी चलिए, बाद में साथ ही आ जाएँगे। पर मैंने सोचा कि एक बार जब इतनी दूर आ ही गया हूँ, तो सावित्री से मिलकर ही जाऊँ। फिर उसे भी जिस हाल में छोड़ आया हूँ, उसकी वजह से...।

बड़ी लड़की : किसकी बात कर रहे हैं...डैडी की ?

पुरुष-चार : हाँ, महेन्द्रनाथ की ही। एक तो सारी रात सोया नहीं वह। दूसरे...।

बड़ी लड़की : तबीयत ठीक नहीं उनकी ?

पुरुष-चार : तबीयत भी ठीक नहीं और वैसे भी...मैं तो समझता हूँ, महेन्द्रनाथ खुद ज़िम्मेदार है अपनी यह हालत करने के लिए।

बड़ी लड़की : *(उस प्रकरण से बचना चाहती)* चाय बनाऊँ आपके लिए ?

पुरुष-चार : *(चाय का सामान देखकर)* किसके लिए बनाए बैठी थी इतनी चाय ? पी नहीं लगता किसी ने ?

बड़ी लड़की : *(असमंजस में)* यह मैंने बनाई थी क्योंकि...क्योंकि सोच रही थी कि...

पुरुष-चार : *(जैसे बात को समझकर)* वे लोग जल्दी चले गए होंगे।...सावित्री को पता था न, मैं आनेवाला हूँ ?

बड़ी लड़की : *(आहिस्ता से)* पता था।

पुरुष-चार : यह भी बताया नहीं मुझे अशोक ने...पर उसके लहजे से ही मुझे लग गया था कि... *(फिर जैसे कोई बात समझ में आ जाने से)* अच्छा, अच्छा, अच्छा ! काफ़ी समझदार लड़का है।

बड़ी लड़की : *(चीनीदानी हाथ में लिए)* चीनी कितनी ?

पुरुष-चार : चीनी बिलकुल नहीं। मुझे मना है चीनी। वह शायद इसीलिए मुझे वापस ले चलना चाहता था कि...कि उसे मालूम होगा जगमोहन का।

बड़ी लड़की : दूध ?

पुरुष-चार : हमेशा जितना।

बड़ी लड़की : कुछ नमकीन लाऊँ अन्दर से ?

पुरुष-चार : नहीं।

बड़ी लड़की : बैठ जाइए।

पुरुष-चार : ओ, हाँ !

वहीं एक कुर्सी खींचकर बैठ जाता है। बड़ी लड़की एक प्याली उसे देकर दूसरी प्याली खुद लेकर बैठ जाती है। कुछ पल खामोशी।

बड़ी लड़की : कहाँ-कहाँ घूम आए इस बीच ? सुना था, कहीं बाहर गए थे ?

पुरुष-चार : हाँ, गया था बाहर। पर किसी नई जगह नहीं गया।

फिर कुछ पल खामोशी।

बड़ी लड़की : सुषमा का क्या हाल है ?

पुरुष-चार : ठीक-ठाक है अपने घर में।

बड़ी लड़की : कोई बच्चा-अच्चा ?

पुरुष-चार : अभी नहीं।

फिर कुछ पल खामोशी।

बड़ी लड़की : आप तो बिलकुल चुप बैठे हैं। कोई बात कीजिए न !

पुरुष-चार : *(उसाँस के साथ)* क्या बात करूँ ?

बड़ी लड़की : कुछ भी।

पुरुष-चार : सोचकर तो बहुत-सी बातें आया था। सावित्री होती तो शायद कुछ बात करता भी पर अब लग रहा है बेकार ही है सब।

फिर कुछ पल खामोशी। दोनों लगभग एक साथ अपनी-अपनी प्याली खाली करके रख देते हैं।

बड़ी लड़की : एक बात पूछूँ—डैडी को फिर से वही दौरा तो नहीं पड़ा, ब्लड-प्रेशर का ?

पुरुष-चार : यह भी पूछने की बात है ?

बड़ी लड़की : आप उन्हें समझाते क्यों नहीं कि...

पुरुष-चार : *(उठता हुआ)* कोई समझा सकता है उसे ? वह इस औरत को इतना चाहता है, इतना चाहता है अन्दर से कि..

बड़ी लड़की : यह आप कैसे कह सकते हैं ?

पुरुष-चार : तुझे लगता है यह बात सही नहीं है ?

बड़ी लड़की : *(उठती हुई)* कैसे सही हो सकती है ? *(अन्तर्मुख भाव से)*... आप नहीं जानते, हमने इन दोनों के बीच क्या-क्या गुज़रते देखा है इस घर में।

पुरुष-चार : देखा जो कुछ भी हो...

बड़ी लड़की : इतने साधारण ढंग से उड़ा देने की बात नहीं है, अंकल ! मैं यहाँ थी, तो मुझे कई बार लगता था कि मैं एक घर में नहीं, चिड़ियाघर के एक पिंजरे में रहती हूँ जहाँ...आप शायद सोच भी नहीं सकते कि क्या-क्या होता रहा है यहाँ। डैडी का चीखते हुए ममा के कपड़े तार-तार कर देना...उनके मुँह पर पट्टी बाँधकर उन्हें बन्द कमरे में पीटना...खींचते हुए गुसलखाने में कमोड पर ले जाकर...*(सिहरकर)* मैं तो बयान भी नहीं कर सकती कि कितने-कितने भयानक दृश्य देखे हैं इस घर में मैंने। कोई भी बाहर का आदमी उस सबको देखता-जानता, तो यही कहता कि क्यों नहीं बहुत पहले ही ये लोग...?

पुरुष-चार : तूने नई बात नहीं बताई कोई। महेन्द्रनाथ खुद मुझे बताता रहा है यह सब।

बड़ी लड़की : बताते रहे हैं ? फिर भी आप कहते हैं कि...?

पुरुष-चार : फिर भी कहता हूँ कि वह इसे बहुत प्यार करता है।

बड़ी लड़की : कैसे कहते हैं यह आप ? दो आदमी जो रात-दिन एक-दूसरे की जान नोंचने में लगे रहते हों...?

पुरुष-चार : मैं दोनों की नहीं, एक की बात कह रहा हूँ।

बड़ी लड़की : तो आप सचमुच मानते हैं कि...?

पुरुष-चार : बिलकुल मानता हूँ, इसीलिए कहता हूँ कि अपनी आज की हालत के लिए जिम्मेदार महेन्द्रनाथ खुद है। अगर ऐसा न होता, तो आज सुबह से ही रिरियाकर मुझसे न कह रहा होता कि जैसे भी हो मैं इससे बात करके इसे समझाऊँ। मैं इस वक़्त यहाँ न आया होता, तो पता है क्या होता ?

बड़ी लड़की : क्या होता ?

पुरुष-चार : महेन्द्र खुद यहाँ चला आया होता। बिना परवाह किए कि यहाँ आकर इस ब्लड-प्रेशर में उसका क्या हाल होगा। और ऐसा पहली बार न होता, तुझे पता ही है। मैंने कितनी मुश्किल से समझा-बुझाकर उसे रोका है, मैं ही जानता हूँ। मेरे मन में कहीं थोड़ा-सा भरोसा बाकी था कि शायद अब भी कुछ हो सके...मेरे बात करने से ही कुछ बात बन सके। पर आकर बाहर न्यू इंडिया की गाड़ी खड़ी देखी, तो मुझे लगा कि नहीं, कुछ नहीं हो सकता। कुच्छ नहीं हो सकता। बात करके मैं सिर्फ अपने को...मेरा ख़याल है चलना चाहिए मुझे अब। जाते हुए मुझे उसके लिए दवाई भी ले जानी है।...अच्छा।

बाहर के दरवाज़े की तरफ़ चल देता है। बड़ी लड़की अपनी जगह पर जड़-सी खड़ी रहती है। फिर दो-एक कदम उसकी तरफ बढ़ जाती है।

बड़ी लड़की : अंकल !

पुरुष-चार : *(रुककर)* कहो।

बड़ी लड़की : आप जाकर डैडी को यह बात बता देंगे ?

पुरुष-चार : कौन-सी ?

बड़ी लड़की : यही...जगमोहन अंकल के आने की ?

पुरुष-चार : क्यों...नहीं बतानी चाहिए ?

बड़ी लड़की : ऐसा है कि...

पुरुष-चार : *(हलके से आँख मूँदकर खोलता)* मैं न भी बताऊँ शायद पर कुछ फर्क नहीं पड़ने का उससे।...बैठ तू।

दरवाज़े से बाहर जाने लगता है।

बड़ी लड़की : अंकल ?

पुरुष-चार : *(फिर रुककर)* हाँ, बेटे !

बड़ी लड़की : सचमुच कुछ नहीं हो सकता क्या ?

पुरुष-चार : एक दिन के लिए हो सकता है शायद। दो दिन के लिए हो सकता है। पर हमेशा के लिए...कुछ भी नहीं।

बड़ी लड़की : तो उस हालत में क्या यही बेहतर नहीं कि... ?

बाहर से स्त्री के स्वर सुनाई देते हैं।

स्त्री : छोड़ दे मेरा हाथ। छोड़ भी।

बड़ी लड़की : आ गई हैं वे लौटकर।

पुरुष-चार : हाँ।

बाहर जाने के बजाय होंठ चबाता डाइनिंग टेबल की तरफ़ बढ़ जाता है। स्त्री छोटी लड़की के साथ आती है। छोटी लड़की उसे बाँह से बाहर खींच रही है।

छोटी लड़की : चलती क्यों नहीं तुम मेरे साथ ? चलो न !

स्त्री : *(बाँह छुड़ाती)* तू हटेगी या नहीं ?

छोटी लड़की : नहीं हटूँगी। उस वक़्त तो घर पर नहीं थी, और अब कहती हो...।

स्त्री : छोड़ मेरी बाँह।

छोटी लड़की : नहीं छोड़ूँगी।

स्त्री : नहीं छोड़ेगी ? *(गुस्से से बाँह छुड़ाकर उसे परे धकेलती)* बड़ा जोम चढ़ने लगा है तुझे !

छोटी लड़की : हाँ, चढ़ने लगा है। जब-जब कोई बात कहता है मुझसे, यहाँ किसी को फुरसत ही नहीं होती चलकर उससे पूछने की।

बड़ी लड़की : उन्हें साँस तो लेने दे। वे अभी घर में दाखिल नहीं हुईं कि तूने..।

छोटी लड़की : तुम बात मत करो। मिट्टी के लोंदे की तरह हिली ही

नहीं जब मैंने...।

स्त्री : *(उसे फ्राक से पकड़कर)* फिर से कह जो कहा है तूने !

छोटी लड़की : *(अपने को छुड़ाने के लिए संघर्ष करती)* क्या कहा है मैंने? पूछो इनसे जब मैंने आकर इन्हें बताया था, तो...।

स्त्री : *(उसे चपत जड़ती)* तू कह तो फिर से एक बार वही बात।

पल-भर की खामोशी जिसमें सबकी नज़रें स्थिर हो रहती हैं—छोटी लड़की की स्त्री पर और शेष सबकी छोटी लड़की पर।

छोटी लड़की : *(अपने आवेश से बेबस)* मिट्टी के लोंदे !...सब-के-सब मिट्टी के लोंदे !

पुरुष-चार : *(उनकी तरफ आता)* छोड़ दो लड़की को, सावित्री ! उसपर इस वक़्त पागलपन सवार है, इसलिए...।

स्त्री : आप मत पड़िए बीच में।

पुरुष-चार : देखो...।

स्त्री : आपसे कहा है, आप मत पड़िए बीच में। मुझे अपने घर में किससे किस तरह बरतना चाहिए, यह मैं औरों से बेहतर जानती हूँ। *(छोटी लड़की के एक और चपत जड़ती)* इस वक़्त चुपचाप चली जा उस कमरे में। मुँह से एक लफ़्ज़ भी और कहा, तो खैर नहीं तेरी।

छोटी लड़की के केवल होंठ हिलते हैं। शब्द उसके मुँह से कोई नहीं निकल पाता। वह घायल नज़र से स्त्री को देखती उसी तरह खड़ी रहती है।

जा उस कमरे में। सुना नहीं?

छोटी लड़की फिर भी खड़ी रहती है।

नहीं जाएगी?

छोटी लड़की दाँत पीसकर बिना कुछ कहे एकाएक झटके से अन्दर के कमरे में चली जाती है। स्त्री जाकर पीछे से दरवाज़े की कुंडी लगा देती है।

तुझसे समझूँगी अभी थोड़ी देर में।

बड़ी लड़की : बैठिए, अंकल !

पुरुष-चार : नहीं, मैं अभी जाऊँगा।

स्त्री : *(उसकी तरफ़ आती)* आपको कुछ बात करनी थी मुझसे...बताया था इसने।

पुरुष-चार : हाँ...पर इस वक़्त तुम ठीक मूड में नहीं हो...।

स्त्री : मैं बिलकुल ठीक मूड में हूँ। बताइए आप।

बड़ी लड़की : अंकल कह रहे थे, डैडी की तबीयत फिर ठीक नहीं है।

स्त्री : घर से जाकर तबीयत ठीक कब रहती है उनकी ? हर बार का यही एक किस्सा नहीं है ?

बड़ी लड़की : तुम थकी हुई हो। अच्छा होगा जो भी बात करनी हो, बैठकर आराम से कर लो।

स्त्री : मैं बहुत आराम से हूँ *(पुरुष-चार से)* बताइए आप।

पुरुष-चार : ज़्यादा बात अब नहीं करना चाहता। सिर्फ़ एक ही बात कहना चाहता हूँ तुमसे।

स्त्री : *(पल-भर प्रतीक्षा करने के बाद)* कहिए।

पुरुष-चार : तुम किसी तरह छुटकारा नहीं दे सकतीं उस आदमी को ?

स्त्री : छुटकारा ? मैं ? उन्हें ? कितनी उल्टी बात है !

पुरुष-चार : उल्टी बात नहीं है। तुमने जिस तरह बाँध रखा है उसे अपने साथ...।

स्त्री : उन्हें बाँध रखा है ? मैंने अपने साथ...? सिवा आपके कोई नहीं कह सकता था यह बात।

पुरुष-चार : क्योंकि और कोई जानता भी तो नहीं उतना जितना मैं जानता हूँ।

स्त्री : आप हमेशा यही मानते आए हैं कि आप बहुत ज़्यादा जानते हैं। नहीं ?

पुरुष-चार : महेन्द्रनाथ के बारे में, हाँ। और जानकर ही कहता हूँ कि तुमने इस तरह शिकंजे में कस रखा है उसे कि वह अब अपने दो पैरों पर चल सकने लायक भी नहीं रहा।

स्त्री : अपने दो पैरों पर ! अपने दो पैर कभी थे भी उसके पास ?

पुरुष-चार : कभी की बात क्यों करती हो ? जब तुमने उसे जाना, तब से दस साल पहले से मैं उसे जानता हूँ।

स्त्री : इसीलिए शायद जब मैंने जाना, तब तक अपने दो पैर रहे ही नहीं थे उसके पास।

पुरुष-चार : मैं जानता हूँ सावित्री, कि तुम मेरे बारे में क्या-क्या सोचती और कहती हो...।

स्त्री : ज़रूर जानते होंगे...लेकिन फिर भी कितना कुछ है जो सावित्री कभी किसी के सामने नहीं कहती।

पुरुष-चार : जैसे ?

स्त्री : जैसे...पर बात तो आप करने आए हैं।

पुरुष-चार : नहीं। पहले तुम बात कर लो *(बड़ी लड़की से)* तू बेटे, ज़रा उधर चली जा थोड़ी देर।

बड़ी लड़की चुपचाप जाने लगती है।

स्त्री : सुन लेने दीजिए इसे भी, अगर मुझे बात करनी है तो।

पुरुष-चार : ठीक है। यहीं रह तू, बिन्नी !

बड़ी लड़की : पर मैं सोचती हूँ कि...।

स्त्री : मैं चाहती हूँ तू यहाँ रहे, तो किसी वजह से ही चाहती हूँ।

बड़ी लड़की आहिस्ता से आँखें झपकाकर उन दोनों से थोड़ी दूर डाइनिंग टेबल की कुर्सी पर जा बैठती है।

पुरुष-चार : *(स्त्री से)* बैठ जाओ तुम भी।

कटता हुआ खुद सोफ़े पर बैठ जाता है। स्त्री एक मोढ़ा ले लेती है।

कह डालो अब जो भी कहना है तुम्हें।

स्त्री : कहने से पहले एक बात पूछनी है आपसे। आदमी किस हालत में सचमुच एक आदमी होता है ?

पुरुष-चार : पूछो कुछ नहीं। जो कहना है, कह डालो।

स्त्री : यूँ तो जो कोई भी एक आदमी की तरह चलता-फिरता, बात करता है, वह आदमी ही होता है...। पर असल

में आदमी होने के लिए क्या ज़रूरी नहीं कि उसमें अपना एक माद्दा, अपनी एक शख़्सियत हो ?

पुरुष-चार : महेन्द्र को सामने रखकर यह तुम इसलिए कह रही हो कि...

स्त्री : इसलिए कह रही हूँ कि जब से मैंने उसे जाना है, मैंने हमेशा हर चीज़ के लिए उसे किसी-न-किसी का सहारा ढूँढ़ते पाया है। खास तौर से आपका। यह करना चाहिए या नहीं—जुनेजा से पूछ लूँ। वहाँ जाना चाहिए या नहीं—जुनेजा से राय कर लूँ। कोई छोटी-से-छोटी चीज़ ख़रीदनी है, तो भी जुनेजा की पसन्द से। कोई बड़े-से-बड़ा ख़तरा उठाता है—तो भी जुनेजा की सलाह से। यहाँ तक कि मुझसे ब्याह करने का फैसला भी कैसे किया उसने ? जुनेजा के हामी भरने से।

पुरुष-चार : मैं दोस्त हूँ उसका। उसे भरोसा रहा है मुझपर।

स्त्री : और उस भरोसे का नतीजा ?...कि अपने-आप पर उसे कभी किसी चीज़ के लिए भरोसा नहीं रहा। ज़िन्दगी में हर चीज़ की कसौटी—जुनेजा। जो जुनेजा सोचता है, जो जुनेजा चाहता है, जो जुनेजा करता है, वही उसे भी सोचना है, वही उसे भी चाहना है, वही उसे भी करना है। क्यों ? क्योंकि जुनेजा तो एक पूरा आदमी है अपने में। और वह खुद ? वह खुद एक पूरे आदमी का आधा-चौथाई भी नहीं है।

पुरुष-चार : तुम इस नज़र से देख सकती हो इस चीज़ को; पर असलियत इसकी यह है कि...

स्त्री : *(खड़ी होती)* मुझे उस असलियत की बात करने दीजिए जिसे मैं जानती हूँ।...एक आदमी है। घर बसाता है। क्यों बसाता है ? एक ज़रूरत पूरी करने के लिए। कौन-सी ज़रूरत ? अपने अन्दर के किसी उसको...एक अधूरापन कह दीजिए उसे...उसको भर सकने की। इस तरह उसे अपने लिए...अपने में...पूरा होना होता है।

किन्हीं दूसरों के पूरा करते रहने में ही ज़िन्दगी नहीं काटनी होती। पर आपके महेन्द्र के लिए ज़िन्दगी का मतलब रहा है...जैसे सिर्फ दूसरों के खाली खाने भरने की ही एक चीज़ है वह। जो कुछ वे दूसरे उससे चाहते हैं, उम्मीद करते हैं...या जिस तरह वे सोचते हैं उनकी ज़िन्दगी में उसका इस्तेमाल हो सकता है।

पुरुष-चार : इस्तेमाल हो सकता है ?

स्त्री : नहीं ? इस काम के लिए और कोई नहीं जा सकता, महेन्द्रनाथ चला जाएगा। इस बोझ को और कोई नहीं ढो सकता, महेन्द्रनाथ ढो लेगा। प्रेस खुला, तो भी। फैक्टरी शुरू हुई, तो भी। खाली खाने भरने की जगह पर महेन्द्रनाथ, और खाने भर चुकने पर ? महेन्द्रनाथ कहीं नहीं। महेन्द्रनाथ अपना हिस्सा पहले ही ले चुका है, पहले ही खा चुका है। और उसका हिस्सा ? *(कमरे के एक-एक सामान की तरफ़ इशारा करती)* ये ये ये ये ये दूसरे-तीसरे-चौथे दरजे की घटिया चीज़ें जिनसे वह सोचता था, उसका घर बन रहा है ?

पुरुष-चार : महेन्द्रनाथ बहुत जल्दबाज़ी बरतता था इस मामले में, मैं जानता हूँ। मगर वजह इसकी...

स्त्री : वजह इसकी मैं थी—यही कहना चाहते हैं न ? वह मुझे खुश रखने के लिए ही यह लोहा-लकड़ी जल्दी-से-जल्दी घर में भरकर हर बार अपनी बरबादी की नींव खोद लेता था। पर असल में उसकी बरबादी की नींव क्या चीज़ खोद रही थी...क्या चीज़ और कौन आदमी...अपने दिल में तो आप भी जानते होंगे।

पुरुष-चार : कहती रहो तुम। मैं बुरा नहीं मान रहा। आख़िर तुम महेन्द्र की पत्नी हो और...

स्त्री : *(आवेश में उसकी तरफ मुड़ती)* मत कहिए मुझे महेन्द्र की पत्नी। महेन्द्र भी एक आदमी है, जिसके अपना घर-बार है, पत्नी है, यह बात महेन्द्र को अपना

कहनेवालों को शुरू से ही रास नहीं आई। महेन्द्र ने ब्याह क्या किया, आप लोगों की नज़र में आपका ही कुछ आपसे छीन लिया। महेन्द्र अब पहले की तरह हँसता नहीं। महेन्द्र अब दोस्तों में बैठकर पहले की तरह खिलता नहीं ! महेन्द्र अब वह पहले वाला महेन्द्र रह ही नहीं गया ! और महेन्द्र ने जी-जान से कोशिश की, वह वही बना रहे किसी तरह। कोई यह न कह सके जिससे कि वह अब पहले वाला महेन्द्र रह ही नहीं गया। और इसके लिए महेन्द्र घर के अन्दर रात-दिन छटपटाता है। दीवारों से सिर पटकता है। बच्चों को पीटता है। बीवी के घुटने तोड़ता है। दोस्तों को अपना फुरसत का वक़्त काटने के लिए उसकी ज़रूरत है। महेन्द्र के बग़ैर कोई पार्टी जमती नहीं ! महेन्द्र के बग़ैर किसी पिकनिक का मज़ा नहीं आता था ! दोस्तों के लिए जो फुरसत काटने का वसीला है, वही महेन्द्र के लिए उसका मुख्य काम है ज़िन्दगी में। और उसका ही नहीं, उसके घर के लोगों का भी वही मुख्य काम होना चाहिए। तुम फलाँ जगह चलने से इंकार कैसे कर सकती हो ? फलाँ से तुम ठीक से बात क्यों नहीं करतीं ? तुम अपने को पढ़ी-लिखी कहती हो ?...तुम्हें तो लोगों के बीच उठने-बैठने की तमीज़ नहीं। एक औरत को इस तरह चलना चाहिए, इस तरह बात करनी चाहिए, इस तरह मुस्कराना चाहिए। क्यों तुम लोगों के बीच हमेशा मेरी पोज़ीशन खराब करती हो ? और वही महेन्द्र जो दोस्तों के बीच दब्बू-सा बना हलके-हलके मुस्कराता है, घर आकर एक दरिंदा बन जाता है। पता नहीं, कब किसे नोच लेगा, कब किसे फाड़ खाएगा ! आज वह ताव में अपनी कमीज़ को आग लगा लेता है। कल वह सावित्री की छाती पर बैठकर उसका सिर ज़मीन से रगड़ने लगता है। बोल, बोल, बोल, चलेगी उस तरह कि नहीं जैसे

मैं चाहता हूँ ? मानेगी वह सब कि नहीं जो मैं कहता हूँ ? पर सावित्री फिर भी नहीं चलती। वह सब नहीं मानती। वह नफ़रत करती है इस सबसे—इस आदमी के ऐसा होने से। वह एक पूरा आदमी चाहती है अपने लिए एक...पूरा...आदमी। गला फाड़कर वह यह बात कहती है। कभी इस आदमी को ही वह आदमी बना सकने की कोशिश करती है। कभी तड़पकर अपने को इससे अलग कर लेना चाहती है। पर अगर उसकी कोशिशों से थोड़ा भी फ़र्क पड़ने लगता है इस आदमी में, तो दोस्तों में इनका ग़म मनाया जाने लगता है। सावित्री महेन्द्र की नाक में नकेल डालकर उसे अपने ढंग से चला रही है। सावित्री बेचारे महेन्द्र की रीढ़ तोड़कर उसे किसी लायक नहीं रहने दे रही है ! जैसे कि आदमी न होकर बिना हाड़-मांस का पुतला हो वह एक—बेचारा महेन्द्र !

हाँफती हुई चुप कर जाती है। बड़ी लड़की कुहनियाँ मेज़ पर रखे और मुट्ठियों पर चेहरा टिकाए पथराई आँखों से चुपचाप दोनों को देखती है।

पुरुष-चार : *(उठता हुआ)* बिना हाड़-मांस का पुतला, या जो भी कह लो तुम उसे—पर मेरी नज़र में वह हर आदमी जैसा एक आदमी है—सिर्फ इतनी ही कमी है उसमें।

स्त्री : यह आप मुझे बता रहे हैं ? जिसने बाईस साल साथ जीकर जाना है उस आदमी को ?

पुरुष-चार : जिया ज़रूर है तुमने उसके साथ...जाना भी है उसे कुछ हद तक...लेकिन...

स्त्री : *(हताशा से सिर हिलाती)* ओफ्फ़ोह ! ओफ्फोह ! ओफ्फोह !

पुरुष-चार : जो-जो बातें तुमने कही हैं अभी, वे गलत नहीं हैं अपने में। लेकिन बाईस साल साथ जीकर जानी हुई बातें वे नहीं हैं। आज से बाईस साल पहले भी एक बार लगभग

दिन चकाचौंध रहीं तुम, वह था शिवजीत। एक बड़ी डिग्री, बड़े-बड़े शब्द और पूरी दुनिया घूमने का अनुभव। पर असल चीज़ वही कि वह जो भी था और ही कुछ था—महेन्द्र नहीं था। पर जल्द ही तुमने पहचानना शुरू किया कि वह निहायत दोगला किस्म का आदमी है। हमेशा दो तरह की बातें करता है। उसके बाद सामने आया जगमोहन। ऊँचे सम्बन्ध, ज़बान की मिठास, टिपटॉप रहने की आदत और खर्च की दरिया-दिली। पर तीर की असली नोक फिर उसी जगह पर—कि उसमें जो कुछ भी था, जगमोहन का-सा था—महेन्द्र का-सा नहीं था। पर शिकायत तुम्हें उससे भी होने लगी थी कि वह सब लोगों पर एक-सा पैसा क्यों उड़ाता है ? दूसरे की सख्त-से-सख्त बात को एक खामोश मुस्कराहट के साथ क्यों पी जाता है ? अच्छा हुआ, वह ट्रांसफर होकर चला गया यहाँ से, वरना...।

स्त्री : यह खामखाह का तानाबाना क्यों बुन रहे हैं ? जो असल बात कहना चाहते हैं, वही क्यों नहीं कहते ?

पुरुष-चार : असल बात इतनी ही कि महेन्द्र की जगह इनमें से कोई भी आदमी होता तुम्हारी ज़िन्दगी में, तो साल-दो-साल बाद तुम यही महसूस करती कि तुमने ग़लत आदमी से शादी कर ली है। उसकी ज़िन्दगी में भी ऐसे ही कोई महेन्द्र, कोई जुनेजा, कोई शिवजीत या कोई जगमोहन होता जिसकी वजह से तुम यही सब सोचती, यही सब महसूस करती। क्योंकि तुम्हारे लिए जीने का मतलब रहा है—कितना-कुछ एक साथ होकर, कितना-कुछ एक साथ पाकर और कितना-कुछ एक साथ ओढ़कर जीना। वह उतना-कुछ कभी तुम्हें किसी एक जगह न मिल पाता, इसलिए जिस-किसी के साथ भी ज़िन्दगी शुरू करती, तुम हमेशा इतनी ही खाली, इतनी ही बेचैन बनी रहती। वह आदमी भी इसी तरह तुम्हें अपने आसपास सिर

पटकता और कपड़े फाड़ता नज़र आता और तुम...

स्त्री : *(साड़ी का पल्लू दाँतों में लिए सिर हिलाती हँसी और रुलाई के बीच के स्वर में)* हहहहहहहह-हःह-हहहहह-हःहहः हहः हहः।

पुरुष-चार : *(अचकचाकर)* तुम हँस रही हो ?

स्त्री : हाँ...पता नहीं...हँस ही रही हूँ शायद। आप कहते रहिए।

पुरुष-चार : आज महेन्द्र एक कुढ़नेवाला आदमी है। पर एक वक़्त था जब वह सचमुच हँसता था। अन्दर से हँसता था। पर यह तभी था जब कोई उस पर यह साबित करनेवाला नहीं था कि कैसे हर लिहाज से वह हीन और छोटा है—इससे, उससे, मुझसे, तुमसे, सभी से। जब कोई उससे यह कहनेवाला नहीं था कि जो-जो वह नहीं है, वही-वही उसे होना चाहिए, और जो वह है...।

स्त्री : एक उसी उस को देखा है आपने इस बीच—या उसके आसपास भी किसी के साथ कुछ गुज़रते देखा है ?

पुरुष-चार : वह भी देखा है। देखा है कि जिस मुट्ठी में तुम कितना-कुछ एक साथ भर लेना चाहती थीं, उसमें जो था वह भी धीरे-धीरे बाहर फिसलता गया है कि तुम्हारे मन में लगातार एक डर समाता गया जिसके मारे कभी तुम घर का दामन थामती रही हो, कभी बाहर का और कि वह डर एक दहशत में बदल गया। जिस दिन तुम्हें एक बहुत बड़ा झटका खाना पड़ा...अपनी आख़िरी कोशिश में।

स्त्री : किस आख़िरी कोशिश में ?

पुरुष-चार : मनोज का बड़ा नाम था। उस नाम की डोर पकड़कर ही कहीं पहुँच सकने की आख़िरी कोशिश में। पर तुम एकदम बौरा गईं जब तुमने पाया कि वह उतने नामवाला आदमी तुम्हारी लड़की को साथ लेकर रातों-रात इस घर से...।

बड़ी लड़की : *(सहसा उठती)* यह आप क्या कह रहे हैं, अंकल ?

पुरुष-चार : मजबूर होकर कहना पड़ रहा है, बिन्नी ! तू शायद मनोज को अब भी उतना नहीं जानती जितना...!

बड़ी लड़की : *(हाथों में चेहरा छिपाए ढहकर बैठती)* ओह !

पुरुष-चार : ...जितना यह जानती है। इसीलिए आज यह उसे बरदाश्त भी नहीं कर सकती। *(स्त्री से)* ठीक नहीं है यह ? बिन्नी के मनोज के साथ चले जाने के बाद तुमने एक अन्धाधुँध कोशिश शुरू की—कभी महेन्द्र को ही और झकझोरने की, कभी अशोक को ही चाबुक लगाने की, और कभी उन दोनों से धीरज खोकर कोई और ही रास्ता, कोई और ही चारा ढूँढ़ सकने की। ऐसे में पता चला जगमोहन यहाँ लौट आया है। आगे के रास्ते बन्द पाकर तुमने फिर पीछे की तरफ देखना चाहा। आज अभी बाहर गई थीं उसके साथ। क्या बात हुई ?

स्त्री : आप समझते हैं आपको मुझसे जो कुछ भी जानने का जो कुछ भी पूछने का हक हासिल है ?

पुरुष-चार : न सही ! पर मैं बिना पूछे ही बता सकता हूँ कि क्या बात हुई होगी। तुमने कहा, तुम बहुत-बहुत दुखी हो आज। उसने कहा, उसे बहुत-बहुत हमदर्दी है तुमसे। तुमने कहा, तुम जैसे भी हो अब इस घर से छुटकारा पा लेना चाहती हो। उसने कहा, कितना अच्छा होता अगर इस नतीजे पर तुम कुछ साल पहले पहुँच सकी होतीं। तुमने कहा, जो तब नहीं हुआ, वह अब तो हो ही सकता है। उसने कहा, वह चाहता है हो सकता, पर आज इसमें बहुत-सी उलझनें सामने हैं—बच्चों की ज़िन्दगी को लेकर, इसको-उसको लेकर। फिर यह भी कि इस नौकरी में उसका मन नहीं लग रहा, पता नहीं कब छोड़ दे, इसलिए अपने को लेकर भी उसका कुछ तय नहीं है इस समय। तुम गुमसुम होकर सुनती रहीं और रूमाल से आँखें पोंछती रहीं। आखिर उसने कहा कि तुम्हें देर हो रही है, अब लौट चलना चाहिए। तुम

चुपचाप उठकर उसके साथ गाड़ी में आ बैठीं। रास्ते में उसके मुँह से यह भी निकला शायद कि तुम्हें अगर रुपये-पैसे की ज़रूरत है इस वक़्त तो वह...

स्त्री : बस बस बस बस बस बस ! जितना सुनना चाहिए था, उससे बहुत ज्यादा सुन लिया है आपसे मैंने। बेहतर यही है कि अब आप यहाँ से चले जाएँ क्योंकि...

पुरुष-चार : मैं जगमोहन के साथ हुई तुम्हारी बातचीत का सही अन्दाज़ा लगा सकता हूँ, क्योंकि उसकी जगह मैं होता, तो मैं भी तुमसे यही सब कहा होता। वह कल-परसों फिर फ़ोन करने को कहकर तुम्हें घर के बाहर उतार गया। तुम मन में एक घुटन लिए घर में दाखिल हुई और आते ही तुमने बच्ची को पीट दिया। जाते हुए सामने थी एक पूरी ज़िन्दगी—पर लौटने तक का कुल हासिल ?—उलझे हाथों का गिजगिजा पसीना और...।

स्त्री : मैंने आपसे कहा है न, बस ! सब-के-सब...सब-के-सब ! एक-से ! बिलकुल एक-से हैं आपलोग ! अगल-अलग मुखौटे, पर चेहरा ?—चेहरा सबका एक ही !

पुरुष-चार : फिर भी तुम्हें लगता रहा है कि तुम चुनाव कर सकती हो। लेकिन दाएँ से हटकर बाएँ, सामने से हटकर पीछे, इस कोने से हटकर उस कोने में...क्या सचमुच कहीं कोई चुनाव नज़र आया है तुम्हें ? बोलो, आया है नज़र कहीं ?

कुछ पल ख़ामोशी जिसमें बड़ी लड़की चेहरे से हाथ हटाकर पलकें झपकाती उन दोनों को देखती है। फिर अन्दर के दरवाज़े पर खट्-खट् सुनाई देती है।

छोटी लड़की : *(अन्दर से)* दरवाज़ा खोलो। खोलो दरवाज़ा !

बड़ी लड़की : *(स्त्री)* क्या करना है, ममा ? खोलना है दरवाज़ा ?

स्त्री : रहने दे अभी।

पुरुष-चार : लेकिन इस तरह बन्द रखोगी, तो...

स्त्री : मैंने पहले भी कहा था, मेरा घर है। मैं बेहतर जानती हूँ।

छोटी लड़की : *(दरवाज़ा खटखटाती)* खोलो ! *(हताश होकर)* मत खोलो !

अन्दर से कुंडी लगाने की आवाज़।

अब खुलवा लेना मुझसे भी।

पुरुष-चार : तुम्हारे घर हैं तुम बेहतर जानती हो। कम-से-कम मानकर यही चलती हो। इसलिए बहुत-कुछ चाहते हुए भी मुझे अब कुछ भी सम्भव नज़र नहीं आता। और इसीलिए फिर एक बार पूछना चाहता हूँ तुमसे—क्या सचमुच किसी तरह तुम उस आदमी को छुटकारा नहीं दे सकतीं ?

स्त्री : आप बार-बार किसलिए कह रहे हैं यह बात ?

पुरुष-चार : इसलिए कि आज वह अपने को बिलकुल बेसहारा समझता है। उसके मन में यह विश्वास बिठा दिया है तुमने कि सबकुछ होने पर भी उसके जिए ज़िन्दगी में तुम्हारे सिवा कोई चारा, कोई उपाय नहीं है। और ऐसा क्या इसीलिए नहीं किया तुमने कि ज़िन्दगी में और कुछ हासिल न हो, तो कम-से-कम यह नामुराद मोहरा तो हाथ में बना ही रहे ?

स्त्री : क्यों क्यों क्यों आप और-और बात करते जाना चाहते हैं ? अभी आप जाइए और कोशिश करके उसे हमेशा के लिए अपने पास रख रखिए। इस घर में आना और रहना सचमुच हित में नहीं है उसके। और मुझे भी...मुझे भी अपने पास उस मोहरे की बिलकुल-बिलकुल ज़रूरत नहीं है जो न खुद चलता है, न किसी और को चलने देता है।

पुरुष-चार : *(पल-भर चुपचाप उसे देखते रहकर हताश निर्णय के स्वर में)* तो ठीक है वह नहीं आएगा। वह कमज़ोर है, मगर इतना कमज़ोर नहीं है। तुमसे जुड़ा हुआ है, मगर इतना जुड़ा हुआ नहीं है। उतना बेसहारा भी नहीं है जितना वह अपने को समझता है। वह ठीक से देख सके, तो

एक पूरी दुनिया है उसके आसपास। मैं कोशिश करूँगा कि वह आँख खोलकर देख सके।

स्त्री : ज़रूर-ज़रूर। इस तरह उसका तो उपकार करेंगे ही आप, मेरा भी इससे बड़ा उपकार ज़िन्दगी में नहीं कर सकेंगे।

पुरुष-चार : तो अब चल रहा हूँ मैं। तुमसे जितनी बात कर सकता था, कर चुका हूँ। और बात अब उसी से जाकर करूँगा। मुझे पता है कि कितना मुश्किल होगा यह...फिर भी यह बात मैं उसके दिमाग में बिठाकर रहूँगा इस बार कि...

लड़का बाहर से आता है। चेहरा काफ़ी उतरा हुआ है–जैसे कोई बडी-सी चीज़ कहीं हारकर आया हो।

क्या बात है, अशोक ? तू चला क्यों आया वहाँ से ?

लड़का बिना उससे आँख मिलाए बड़ी लड़की की तरफ बढ़ जाता है।

लड़का : उठ बिन्नी ! अन्दर से छड़ी निकाल दे ज़रा।

बड़ी लड़की : *(उठती हुई)* छड़ी ! वह किसलिए चाहिए तुझे ?

लड़का : डैडी को स्कूटर रिक्शा से उतार लाना है। उनकी तबीयत काफी खराब है।

बड़ी लड़की : डैडी लौट आए हैं ?

पुरुष-चार : तो...आ ही गया है वह आख़िर ?

लड़का : *(उसकी ओर देखकर मुरझाए स्वर में)* हाँ...आ ही गए हैं।

पुरुष-चार के चेहरे पर व्यथा की रेखाएँ उभर आती हैं और उसकी आँखें स्त्री से मिलकर झुक जाती हैं। स्त्री एक कुर्सी की पीठ थामे चुप खड़ी रहती है। शरीर में गति दिखाई देती है, तो सिर्फ़ साँस के आने-जाने की।

(बड़ी लड़की से) जल्दी से निकाल दे छड़ी, क्योंकि...

बड़ी लड़की : *(अन्दर से दरवाज़े की तरफ़ बढ़ती)* अभी दे रही हूँ।

जाकर दरवाज़ा खटखटाती है।

किन्नी ! दरवाज़ा खोल जल्दी से।

छोटी लड़की : *(अन्दर से)* नहीं खुलेगा दरवाज़ा।

बड़ी लड़की : तेरी शामत तो नहीं आई है ? कह रही हूँ। खोल जल्दी से।

छोटी लड़की : आने दो न शामत। दरवाज़ा नहीं खुलेगा।

बड़ी लड़की : *(ज़ोर से खटखटाती)* किन्नी !

सहसा हाथ रुक जाता है। बाहर से ऐसा शब्द सुनाई देता है, जैसे पाँव फिसल जाने से किसी ने दरवाज़े का सहारा लेकर अपने को बचाया हो।

पुरुष-चार : *(बाहर से दरवाज़े की तरफ बढ़ता)* यह कौन फिसला है ड्योढ़ी में ?

लड़का : *(उससे आगे जाता)* डैडी ही होंगे। उतरकर चले आए होंगे ऐसे ही। *(दरवाज़े से निकलता)* आराम से डैडी, अराम से।

पुरुष-चार : *(एक नज़र स्त्री पर डालकर दरवाज़े से निकलता)* सँभलकर महेन्द्रनाथ, सँभलकर...

प्रकाश खंडित होकर स्त्री और बड़ी लड़की तक सीमित रह जाता है। स्त्री स्थिर आँखों से बाहर की तरफ़ देखती आहिस्ता से कुर्सी पर बैठ जाती है। बड़ी लड़की एक बार उसकी तरफ़ देखती है, फिर बाहर की तरफ़। हल्का मातमी संगीत उभरता है जिसके साथ उन दोनों पर भी प्रकाश मद्धिम पड़ने लगता है। तभी, लगभग अँधेरे में लड़के की बाँह थामे पुरुष-एक की धुँधली आकृति अन्दर आती दिखाई देती है।

लड़का : *(जैसे बैठे गले से)* देखकर डैडी, देखकर...

उन दोनों के आगे बढ़ने के साथ संगीत अधिक स्पष्ट और अँधेरा अधिक गहरा होता जाता है।

●●●